大川隆法
初期重要講演集
ベストセレクション⑥

悟(さと)りに到(いた)る道

Ryuho Okawa
大川隆法

大川隆法
初期重要講演の軌跡

1990.10.7–1990.12.23

第1章

1990年10月7日法話
「悟りに到る道」
（長岡市厚生会館）

「『反省する心』と『不動心』を持っていれば、いかなる事態が起きようとも、心の平静というものを保つことができます。」（第１章より）

（上）当日の講演会の様子。
（左）会場の外にまで溢れた待機列の様子。

第2章

1990年10月28日法話
「仏陀再誕」
（幕張メッセ国際展示場）

（右）大勢の人が行き交う会場前の風景。
（下）会場の国際展示場は１万数千人もの聴衆で埋め尽くされた。

「わが言葉を聞くことは、三千年に一度しかできない。私はそれを真実として、今、あなたがたに語る。」（第２章より）

第3章

1990年11月23日 法話
「押し寄せる愛の大河」
(沖縄コンベンションセンター)

「愛の大河をつくっていくためには、みなさまがた一人ひとりが、そのような光の生産をしていく必要があります。光を増やしていく必要があります。」(第３章より)

(上)会場内の様子。(右中)会場となった沖縄コンベンションセンター。(右)入場受付を待つ人々の様子。

当日のステージの様子。

第4章

1990年12月9日 法話
「未来への聖戦」
(インテックス大阪)

講演に聴き入る参加者。

「全世界の人々が、多数の人々が、今求め、探しているのは、『神の正義』なのです。」(第４章より)

第5章

1990年12月23日 法話
「復活の時は今」
（幕張メッセ国際展示場）

「あなたがたは、わがこの愛の復活を、まず信ぜよ。そこからすべてが始まるであろう。」（第5章より）

（上）詰めかけた聴衆を前に講演を行った。
（左）開場を待つ人々の長蛇の列。

まえがき

立宗四年目、終わりに近い五本の講演集である。

第1章の『悟りに到る道』は、立宗三十数年間で、一回切りしか説かなかった説法である。そのためか、新潟県長岡市には今も熱心な信者が少なくない。珍らしい内容かと思う。

第2章『仏陀再誕』は、幕張メッセ国際展示場での堂々の仏陀再誕メッセージである。

第3章の『押し寄せる愛の大河』は、ヘルメス的な美しい叙事詩のような講演会を考えていた。しかし、数千台の聴衆希望者の車が、島に大渋滞を起こしたため、一時間遅らせて講演を開始したが、まだまだ続々、後ろの扉を開けて入場してくるので、美しい講演はあきらめて、二段ぐらい易しめの説法にした。この後、しばらく沖縄には行かなかったが、後には、東京レベルの話ができるようになってうれしかった。

とにかく、宗教法人格取得前年に、救世の法は説かれていたのだ。

二〇二一年　十月十二日

幸福の科学グループ創始者兼総裁　大川隆法

大川隆法　初期重要講演集　ベストセレクション⑥　目次

第1章　悟(さと)りに到(いた)る道

一九九〇年十月七日　説法(せっぽう)
新潟(にいがた)県・長岡(ながおか)市厚生会館にて

第2章 仏陀再誕（ぶっださいたん）

一九九〇年十月二十八日 説法
千葉県・幕張（まくはり）メッセ国際展示場にて

第3章　押し寄せる愛の大河

一九九〇年十一月二十三日　説法
沖縄県・沖縄コンベンションセンターにて

第4章　未来への聖戦

一九九〇年十二月九日　説法
大阪府・インテックス大阪にて

第5章　復活の時は今

一九九〇年十二月二十三日　説法
千葉県・幕張メッセ国際展示場にて

第1章

悟(さと)りに到(いた)る道

一九九〇年十月七日　説法(せっぽう)
新潟(にいがた)県・長岡(ながおか)市厚生会館にて

1　悟りに到るための「正しき心の探究」の道とは

本日は初めての地でもあり、いったいどのような話をみなさまがたが望んでおられるかと考えてみたのですが、やはり、真理の基礎、初めて真理を学ぶ人たち、そういう人たちにとっても参考になるお話をしておきたいと思います。

もちろん、本日掲げておりますところの演題の「悟りに到る道」とは非常に大きな大きなテーマでございまして、一生をかけても、この道を歩み切れるかどうかは定かではありません。けれども、少なくとも、「このような道が目の前には開けているのであり、私たちはその方向に歩んでいかねばならないのだ」という道筋だけは、わずかな時間の間にもお示しすることが可能なのではないかと考えている次第であります。

まず、「悟り」という言葉は、もはや現代的なる響(ひび)きを有してはいないかもしれません。みなさまがたの多くは、悟りという言葉は古い仏教の言葉として感じられるでありましょうし、お寺のなかに籠(こ)もって修行(しゅぎょう)をしている特殊(とくしゅ)な人々にのみ縁(えん)のある言葉とお考えになりがちではないかと思うのであります。

しかし、私はこの悟りという言葉に現代的なる意味を付加したわけであります。私がさまざまな書物において語ってきているところの「悟り」とは、決して、人里離(はな)れた山のなかで、庵(いおり)を結んで坐禅(ざぜん)をしたり、山登りをしたり、滝行(たきぎょう)をしたりして得られるようなものではありません。むしろ、その正反対とも言うべき日常の世界――みなさまがたが職業を持ち、そして通常の家庭生活を営(いとな)むなかにおいて、得るべき悟りというものを掲げているわけであります。

ゆえに、この「悟り」とは、非常に分かりやすく、かつ現代的なる説明を要求するものであると、私は思うのであります。特殊な学問をやった人やプロの宗教家のみに通用する言葉で説明されるものであっては相成(あいな)らないと思いますし、それは、簡単で分かりやすく、そして現在の職業や学校や、あるいは家庭のなかで実践でき、手に入れられるものでなくてはならないと思うのであります。

この観点から、私が語っているところの「悟り」というものを知っていただきたい。特殊な環境は必要としない。特殊な立場に置かれることは必要としない。現在ただいまのなかにみなさまがたの悟りはあると、私は明言しているわけであります。

そもそも、悟りという言葉は「りっしんべん」に「吾」と書きます。これは「吾の心」という意味であります。「己の心」という意味であります。「己の心を知る」ということが、すなわち、悟りという意味であるわけなのです。したがって、知るべきは、まさしく「己の心」「自分の心」であって、どこか目に見えぬ世界にある心でもなくば、会ったこともない仙人のような方の心でもありません。みなさまご自身の心を知ること、これが悟りに到る道であるわけです。

では、どのようにして己の心をつかむべきでありましょうか。知るべきでありましょうか。その方法はいかなる手順を取るべきでありましょうか。

私たち幸福の科学では、現代的四正道として「愛の原理」「知の原理」「反省の原理」「発展の原理」という四つの原理を掲げ、これらを統合し、総称するものとして、「正しき心の探究」という標語を掲げています。この考え方から言うならば、正しき心とは、この四正道に即した心であるべきであり、すなわち、愛の心、知の心、反省の心、発展の心というふうに分解できるはずであります。ただ、本日は、こうした当会の基本セオリーに基づいた話ではなく、一般の方に分かるような話をしてみたいというふうに思います。

私は、この悟りに到るための道、すなわち、己の真なる心を知る道、正しき心の探究の道として、大きく三つに分けてお話をしてまいりたいと思います。第一は「心の発見」という内容であり、第二は「心の平静」という内容であり、第三は「心の発展」という内容であります。

2 「心の発見」をするためには

本当の自分とは何か

まず最初に「心の発見」ということに関してお話をしてみたいと思うのでありま
す。

心という言葉は非常によく使われており、みなさまがたの多くはそう疑いを入れ
ることなく、心というものを、分かったものとして、ある程度理解できるものとし
て使っておられることでしょうし、自分にも心があり、他の人にも心があるという
ことは、説明を抜きにして理解できる内容として、捉えておられることでしょう。

けれども、この自分の心というものが現実に実在するのだということは、実は、
平凡な毎日に流されておりますと、そう簡単には分からないのです。もしかすると、

一生その内容を知ることなく過ごし、そしてこの世を去っていく方も数多いのではないかと思うのであります。

この「心の発見」とは、結局、「本来の自己の発見」でありますし、「霊的なる自己像の発見」であります。すなわち、二本の手があり、二本の足があり、頭があり、胴体があるという、こうした肉体としての自分の意識を離れて、自分自身が極めて霊的なる存在であるということを気づくということなのです。それは、この肉体というものが死に、地上を去り、焼き場で焼かれてなくなったとして、自分というこの個性が存続するということをまず認めないことには始まらないわけなのです。

みなさまがたはそう簡単には感じられないかもしれません。「この手で感じ、この目で見、この耳で聞くものこそが、自分が存在することを示しているのであり、この肉体を取り去って、自分というものがはたしてあろうか」と思われるかもしれません。けれども、私は何度も何度も繰り返して述べております。そう、その肉体を取り去ったところの自分こそが本物であって、これが過去・現在・未来を貫いている自分自身であるのです。これが本当の自分であるのです。すなわち、みなさんが考え、思っているところの、その「心の働き」と思われているその働きこそが、ほかならぬみなさまがた自身であるのです。

みなさまがたとは、「考えている、その考えている行為そのもの」がみなさまがたなのです。あなたとは何かといえば、「あなたが考えていること」があなた自身なのです。「あなたが思っていること」があなた自身なのです。そうして、肉体があり、服を着て、髪の毛が生え、表情があるという、こういう自分は、その思っているところの自分、考えているところの自分を覆っている外皮、〝外側のマント〟にしかすぎないわけであるのです。

では、そうした自分の実体としての心は、いったいどのようなときに発見できるのでしょうか。私は、この「心の発見」には、どうしても「自分の内側を見つめる」という、そうした経験を通さなければならないと思うのであります。すなわち、一日のうちにはいろいろなことが起きますけれども、この一日が終わったときに、自分の成功も失敗も深く考えてみる、突き詰めて考えてみるという、こうした作業、訓練を通してみないことには、心というものの実体は分からないのです。一日考えたいろいろなこと、出合ったいろいろな出来事、それに対してどう思ったか、こういうことを考えることによって、心というものの実体ははっきりしてくるようになり、この訓練を続ければ続けるほどに存在感を持ってくるものであるのです。

心の発見のためのチェックポイントである「愛」と「善」とは

そして私は、みなさまがたが自分の実体であるところの心を発見しえたかどうか、これを点検すべきチェックポイントとも言うべきものをお伝えしようと思うのです。次の二つのことに気がつき、そして、なるほどと思えたならば、みなさまがたは心を発見されたのです。

その一つは何であるか。これが「愛」と呼ばれているものであるのです。そしていま一つが「善」と呼ばれているものです。この愛と善という二つの働きを自分の内に見いだすことができたならば、みなさまがたは心を発見したと言ってよいのでありま す。

今、「愛」と「善」と語りましたけれども、この愛と善という言葉に盛られるべき内容はいかなるものであるべきか、それを考えておられることだと思います。愛については、幸福の科学においては、深く、かつ難しい理論的なる考え方がありま す。しかし、それを今日述べようとは、私は思いません。

・小愛と大愛

愛には大きく分けて二つのものがございます。

一つは「小愛」。小さな愛と書きますけれども、小愛とでも言うべきものであって、これは、自分を取り巻いている人たち、みなさまがたが生活をし、人生を生きていく途中で、みなさまがたの生活環境をつくり出している人々、こうした人々に対して幸福になってほしいと思う心が、この「小愛」であります。小さな愛と書きます。これが小愛で、まずこれに出会うことが大事であります。

小愛があるという以上、もちろん大きな愛、「大愛」とでも言うべきものがあるはずであります。この大愛とはいったい何であるか。それは、個人個人の人間というものを超えた社会、人類、国家、こうした大きな共同体、大勢の組織、こうしたものを神の理想に沿った方向に推し進めていこうと強く願う愛。これを「大愛」と申します。個別の人間の顔が見えている愛が「小愛」で、個別の人間の顔を取り去って、大きな集まり、人々の社会や国や組織、こうしたものをよくしていこうと強く願う、こうした大きな共同体の幸福を願うものを「大愛」というふうに言うわけであります。

この二種類の愛があるということを知らねばなりません。すなわち、己の心を発見したと言いえるためには、まず「愛の発見」が大事であり、愛の発見には二つあり、一つは、自分を取り巻く人々に対して「幸福なれ」「よくなってほしい」という気持ちを自分が持っているかどうかであり、いま一つは、個人を超えた大きな社会の理想というものを肯定できるかどうか、人類の幸福というものを願う気持ちがあるかどうか、私たちが住んでいるところの社会の、町の、国家の幸福というものを願う心があるかどうか。これが、まず自らの心の内に発見されねばならぬ二種類の愛であります。

・小善と大善

そして、心を発見したと言いえるために、もう一つ知らねばならぬものに「善の発見」というものがあります。この善にも、難しく言えば議論はいろいろありましょうが、同じように二つに分けて考えてみたいと思います。

一つが「小善」、小さい善であります。この小善とは何であるか。他の人々から見られて恥ずかしいと思わないような生き方をしたい。他の人々から見られて恥ずかしいと思わないような、そういう生き方をしたい。人から批判をされるような生き方はしたくない。こういう姿勢が小善であります。これが、実社会に出て生きていくときに最低限みなさまが感じておられることでありましょう。自分が生きていく間に、他の人の目に触れて、そして恥ずかしいような自分でありたくない。悪いことをしていますと、それが人の目に触れますとたいへんつらい気持ちがあります。これを感じるということも、人間が人間であるときの非常に大事な条件であります。消極的な意味での善、これを「小善」といい、この世での振る舞いのなかに、そうした世間をはばかる気持ちがちゃんとあるということであります。

では、「大善」とはいったい何であるか。「大いなる善」とはいったい何であるか。これも先ほどの小愛・大愛とまったく同じように考えてよいわけで、小善が、自分自身を少なくとも悪くしないで、まともにしたいという思いであるとするならば、大善なるものは、これは大きな理想に裏付けられたものでなくてはなりません。すなわち、個人の力を超えたる大きな悪、あるいは人類を危機に追いやるようなもの、また人類の進歩・発展を妨げるような危険、こうしたものに対して敢然と立ち向かっていくことを「大善」と申します。

先ほどの大愛と同じく、「理想」というものがここにかかわってくるわけでありますが、これは、大きな悪、社会的な悪、国家的な悪、また人類的な悪、時代的な悪というものに対して目をそらすことができないで、それに敢然と立ち向かっていく心をいいます。

これで大きく二つ、そしてそれぞれについて二つずつ、合計四つのことを言いました。みなさまがたに「心が発見された」と言うためには、そのような愛と善という二つのことを知らなければならないということであります。

精神活動を象徴する作用「感性・知性・理性・悟性」について

この愛と善という言葉で象徴されるものは、極めて、みなさまがたの精神活動そのものを象徴しております。人間の精神活動には、大きく言って四つの作用がございます。

一つは「感性」といって、これは感じるものです。みなさまがたがよくフィーリングと言っているものです。手で感じたり、耳で感じたり、目で感じたり、いろいろなもので感じる、この感性というものが一つあります。

さらに、後天的にかなり影響を受けるわけですが、学習効果を通して理解できるようになる作用がございます。これを「知性」といいます。知性は、学びを通して初めて明らかになってまいります。いろいろなことを学習することによって、自然のままでは感じないものを感じ取るようになってきます。これは当然のことでありましょう。

この知性以外に、「理性」というものがございます。理性というものは、知性のより純粋化したものに近いと言ってもよいでしょう。すなわち、知性というものが、いろいろな知識を集積して物事を考えるという、そういう作業をしているのに対して、理性というものは、「物事の道理」、「筋道」というものを見極めていく力になってきます。すなわち、「正と邪」、「正しいことや間違っていること」、「進歩と後退」、こんなものをはっきりと見分けて、物事の筋道を見ていく力を理性といい、理性は、知性の下支えがあって、その本領を発揮するようになります。

この違いはどこにあるかというと、非常によく勉強をしているのに、なぜか頭が悪く感じられる人が世の中にはいらっしゃるわけです。「よく本を読んでいるのに判断ができない。なんで、こんなによく勉強しているのに、この人はこういうことが分からないのだろうか」というタイプの人がいます。これは、知性があるのに理性が発達していないからです。理性がありますと判断がはっきりしてきます。この理性の部分が弱いから、いくら勉強をしても肝心なことが分からない。社会的な、そういう知性がないわけです。世の中のことが見えないということになります。これが理性の働きです。

これ以外に、この上に「悟性」というものがあります。これは、「人類の使命」とか、「人間の魂の意味」、「神の心」、「大いなる宇宙の理法」、こんなものにかかわる人間の精神作用で、少しは、どんな方でも必ず持っております。

この悟性の力が強いと、当会のようなところで真理を深く学びたいという気持ちになりますし、この悟性のところが弱いと、街にある本の占いであるとか、ああいう星占いや、手相だとか方角だとか、この程度のところで悟性の片鱗を感じている人もいらっしゃいますが、どのような方にも少しはあるものです。これを「悟性」と申します。

この感性・知性・理性・悟性という大きな四つの精神作用がございますが、先ほど述べました「愛」の心というのは、このなかの感性と悟性の部分にかかわってくるわけです。愛というのは極めて情緒的なものであります。情緒的であり、直感的なものであります。すなわち、感じるという感性の力に非常にかかわるわけであるし、またそれは天から降ってくるがごとき感覚であるところの悟性ともかかわっている。

一方の「善」とは何であるか。これが知性と理性にかかわってくるわけであります。物事の善悪を判断するには、やはり学びというものが必要であり、これは極めて後天的なるものであるのです。

その話を分かりやすくするために、たとえ話を使うとするならば、一歳か二歳の赤ちゃんがいるとします。そういう赤ちゃんを公園に連れていって遊ばせたときに、同じ年ぐらいの赤ちゃんが三輪車に乗って遊んでいたとしますと、その子が三輪車を離れるとすぐ三輪車のところへ行って、それにまたがって遊び始めます。他人のものと自分のものという区別はありません。そこにあるのは、「自分も、ああいうふうに遊びたい」という気持ちだけであり、その三輪車から所有者が離れたら、自分がそこに座って遊びたいという気持ちです。彼らにはそういうことに関する判断はありません。

同じことを大人がしたらどうなるかです。他の人が素晴らしい車に乗っているので、その方が車から降りたから、「じゃあ、自分が代わりにそれを運転してみたい」と思って運転したらどうなるか。これは、立派な〝犯罪〟になるわけです。この世的には立派な〝犯罪〟になります。

この、本来、人間が持っているところの「自分がそうしてみたい」という思いに対して、その是非の判断をつけるところ、これは後天的なる学習です。学校で、他人のものを盗ってはいけないということを教えられて、それが「よくないこと」ということが分かるわけです。このへんが知性と理性のところにかかわってくるわけです。前提としては、学習としての知性が必要で、そのあとにいろいろな判断を加えていく能力が必要になってくる。理性が必要になってくる。こうして大人になってくるわけです。

すなわち、善という能力は極めて後天的な部分があるわけですけれども、みなさまがたの心が、この世に生まれてより後の学習によって、世の中に起きるいろいろなことを見て、善に反するもの、すなわち悪に対して非常に敏感に反応するようになってきます。これは、みなさま、後天的にようやく目覚めてきて、神の心の一面であるところの善というものにかかわるようになってきたわけです。そうした作用を、自分のものとして持たれるようになったわけです。

もちろん、もともと魂のなかには、そういうものはあるわけですけれども、これは成長の過程において発現してくることになっており、その善が十分に発現しないと、外見、悪に見えるような行動を取ることもあるということです。

すなわち、己の魂の本質をまず知るためには、この愛と善という二つのことを見つめてみて、心のなかにそういうものがあるかどうかを知ることです。それを知ったときに、心の発見があったというふうに言ってよいでしょう。

墨子(ぼくし)に見る「愛の思い」と「善の働き」

この話を分かりやすくするために、もう一つ、たとえ話をしてみましょう。

今から二千五百年ほどの昔になりますけれども、中国に墨子(ぼくし)という方がいらっしゃいました。墨子は、これは愛の教えを説いた思想家として有名な方であります。この墨子の時代に、中国は小さな国家として分かれ、相争(あいあらそ)っておりました。しかし、そのなかで、墨子の思想家としての名前は次第(しだい)しだいに有名になってきておりました。

あるとき、この墨子という方は噂（うわさ）を聞きます。それは、大国の楚（そ）の国がその隣（となり）にある小国の宋（そう）の国に、どうやら攻（せ）めてこようとしているらしいという確かな噂でした。そこで、彼は驚（おどろ）いて斉（せい）の国を出発して、慌（あわ）てて楚の国まで駆（か）けつけていきます。そして楚王と軍師の公輸盤（こうしゅばん）に会おうとします。もちろん、高名（こうめい）な墨子ですから、向こうも会ってくれたわけです。

それで、どういうことを考えていたかというと、公輸盤は新しい戦争の道具を発明したのです。これを雲梯（うんてい）といいます。雲梯という戦争道具を開発した。これはどういう道具かといいますと、その当時の中国は、どこもお城で護（まも）られているわけです。城壁（じょうへき）があるわけで、この城壁があるからなかなか攻め込（こ）むのは大変です。そこで、木でつくったものですけれども、櫓（やぐら）のようなものをつくりまして、櫓の下に車をつけるわけです。この櫓でもって攻めていくと、城壁の上にいる兵士たちが、櫓の上から見えるわけです。あるいは城壁のなかが攻撃（こうげき）できるわけで、こうした櫓に上がって城中を攻撃するという新兵器を、その軍師の意見によって楚の国が開発したのです。

そこで墨子は単身乗り込んで、そこの城に入って説得するわけです。「あなたがたはそういう新兵器で宋の国を攻めようとしているけれども、私はそれを防ぐ方法を知っている」と言うわけです。王様は「どうしてこんな新兵器が防げるのか。防げるわけはない」とおっしゃる。そこで机の上で、これは今で言うとミニチュアですけれども、城壁と雲梯の〝ミニチュア〟を用意して、「じゃあ、攻めてみよ」ということでやってみせるわけです。「あなたがたがこういうふうに攻めると、私たちのほうはこういうふうにして護るぞ」と。こういう護り方があるということを教えるわけです。

そこで向こうの国王は非常に心が揺れてくるわけですけれども、軍師はさるもので、その墨子の命を奪ってしまえば、どうにかなるのではないかと思うわけです。その心のなかの動きを墨子は見逃すことなく、「あなたは、私を殺せば防ぐ手段がなくなるから、また攻めようと思っているだろう。しかし私は国を出てくるときに、この防ぐ方法をもうすでに書き残して私の弟子たちに教えてあるから、私の命をたとえ取ったとしても、あなたがたは宋の国を攻め滅ぼすことはできない」、こういうことを言うわけです。この墨子の言葉を聞いて、国王のほうはこの隣の国を攻めることを断念するわけです。

そして、成果をあげて、墨子は一人で帰り道につくわけです。斉に帰るために国境を越えて、そして夕方ごろ帰り道にある宋の国に差し掛かったところ、ちょうど雨が降ってきまして、ものすごい夕立になってきたのです。そしてずぶ濡れになってしまった。そこで近くの村に行き、その村の城門に駆け込んで「雨宿りをさせてくれないか」と頼みました。ところが、その村の門番は墨子の姿を見て、どうせどこかの浮浪者か何かだと思って、「なかに入れることはできないよ」と言って追い払うのです。自分の国を救ってくれた恩人だということを知りもしないで、濡れねずみのようになった墨子を追い払うのです。

そうした事実がありました。これは、彼の弟子の一人が書き遺したもののなかに出ている話であります。

ここで私が言いたいのはいったい何かということです。この愛と善について話をしたいのですが、まず、大国が小国を攻めようとしていることを知って、その攻められようとしている国の人たちを救いたいという気持ちを起こして、彼は行動した。このときの、その国の人たちを戦争から救いたいという思い、この救済の思い、これが愛なのです。

そしてその攻め込もうとしている国に行って、軍師、国王と渡り合って、そして戦争を防ぎました。「そういう侵略行為はいけない。人の道に悖るものである」と、そういうことを力説して、智慧を使って防ぎました。これが善なのです。

行為としては一つのものですけれども、戦争で攻め込まれようとしている国の人たちを、国民たちを救いたいというのが「愛の思い」であり、そしてその行動が、実際に悪の行為を止めた、これが「善の働き」なのです。善と愛というのは、そういうふうな働きの違いがあるわけです。

愛というのは、あくまでも、「優しく包み込みたい」「助けてやりたい」という、こういう気持ちであります。善というものは、「その悪をさせてはならない」という思いであって、これを押しとどめるために智慧を使うわけです。智慧を使い、行動をする。そして、それが善として現れてくるわけです。

「真実なる心」を発見した人の特徴

善と愛について、このたとえ話でお話しいたしましたけれども、この墨子という人のことを知るにつけても、人間の心の偉大性というものを気づかされるわけなのです。今から二千五百年前にそういう人がいたのです。そしてその国の大多数の人たちは知りもしないのです。そんなことをしている人がいるということを知りもしない。雨宿りさえさせない。大恩のある方を追い出してしまう。こんなことをする。こういうことがいつの時代もありますし、また墨子のような人はいつの時代にも生きているのです。

すなわち、この真実なる心を発見した人の特徴というものは、利害に対する思いや、自分自身を満足させるとか、喜ばせるとか、そういうものが非常に弱くなりまして、それ以外のものへの思いといいますか、善とか愛とか、そういう理想に向かう思いというのが非常に強くなってくるのです。

おそらくそういう人は、かたちは違えども、また大小があろうとも、いつの時代にも生きているし、みなさまのなかにもおそらくおられるだろうと思うのです。ある会社のなかで働いていて、本当は一生懸命に尽くしていて、発展のために寄与していたけれども、外見上は誤解をされたり、周りから批判をされたり、そういうふうにして過ごされた方もいるでしょう。ところが、あとになって、その人が大きな力を持っていたことが分かることもあるし、分からないままでそのまま過ごしていき、「ああ、嫌なやつがいなくなってよかった」と思われるだけのこともある。そういうこともあるけれども、そんな、この世の評価には無関係に、無頓着に、己の心を知った人というのは生きているものであり、そして〝この世の光〟であるわけです。そんな方がいらっしゃるわけです。
これを「心の発見」ということでお話をいたしました。

3 「心の平静」を保つために

二番目に、悟りに到るために大事な考え方として、「心の平静」ということを挙げておきたいと思います。幸福感を感じるためには、どうしても心の平静というものを経験することが大事であると私は思います。

心の平静とは何であるか。それは、心が波立っていないことです。波立っていないとどうなるか。まず、イライラしたり、それからまた、いろいろな悪い思いが心のなかを駆け巡ったり、そういうことがなくなるわけです。そして、その穏やかな心というもの、澄み切った水面のような心というものをいったん経験したことがある方は、幸福の本質をかなり垣間見たと言ってよいでしょう。

自分の心というものを探究したことがない方は、そのような「穏やかな心」というものが実に幸福に近いものであるということを知らないで生きています。みなさまの周りにいる人をよく見てください。いつもいつも周りを忙しく動いている人、いつも怒鳴り散らしている人、いつも他人の悪口を言う人、いつも不平不満を言う人、愚痴を言う人、こういう人たちを見てみても、幸福となんと遠いことでしょう。幸福にいかに遠いところにいることでしょう。

心が滑らかであるということ、穏やかであるということ、平静であるということの幸福を、彼らは捨て去っているのです。いや、捨て去っているというよりも、それが幸福感に極めて近いものであるということを知らないままに生きているのです。

この「心の穏やかさ」というのはとてもとても大切なもので、神の光という、私たちの目には見えないけれども実在世界にある高級霊たちを通して投げかけられるところの光は、この穏やかな心というものなくして受けることができないのです。

心が穏やかであるときに、幸せな感覚、幸福感というものが降ってくることがあります。それは、ある意味において、光が入ってきているわけなのです。神の光というのが入ってきているのです。そのときに、穏やかな光が入ってきて、心がまあるくなって、そして自分が生かされていることの感謝のようなものが、ふつふつ、ふつふつと込み上げてまいります。

・反省という方法

この心の平静を維持するためにどうしても必要なことは二つであります。一つは何であるかというと、これはみなさまご存じの有名な「反省」という方法です。

心が波立つには、波立つ理由があります。波立っているのは、たいていその池のなかに小石が投げ込まれたからであります。その小石に当たるものは何であるか。それが、その日のうちにあった、いろいろな人々との間に起きた事件であったり、他人の言葉であったり、あるいは自分の自己評価であったり、そんなものでありましょう。いずれにせよ、心が波立ったには、その理由が必ずあります。その理由を追究する必要があります。なぜ自分の心が今揺れているのか、これを追究します。

そして、原因が分かれば、これを取り去ることは可能です。原因が分からなければ取り去ることはできないけれども、原因が分かれば取り去ることは難しくありません。

一日のうちに起きたこと、思ったことのなかのどの部分が、今の自分をこんなに苦しめているのだろうか、心揺らしているのだろうか、それを考えてみる。そして、それは自分の間違いによって起きたことなのだろうか、それを思ってみるのです。「自分の思いや行いによって起きたことなのだろうか、そうではないのだろうか。あるいは、自分の直接的な行為ではなくとも、間接的には自分に責任があって起きた事態なのだろうか、どうなのだろうか」と、自分に非があるかどうかを振り返ってみるのです。

そして、自分に間違いがあったと思うならば、「ああ、これは自分の間違いであった。直接・間接は問わず、自分の間違いであった。以後こういうことはしないようにしよう」と、こう思っただけで、その心の波立ちは穏やかになって、治まってくるようになるのです。

もし、一日を振り返ってみて、自分の責任によって、そうした波立ちが起きたわけではなく、他人の誤解等によって起きたことであっても、「そのなかで学べるものがあったら学んでいこう。自分にとって学べるものがあったら学んでおこう。そして、教訓の部分を取り去ったあとは、あまりくよくよしないで、心の平らかさを取っていこう」、こういう思いが大事です。

・不動心を持つ

これが普通の人の一日にやるべきことでありますけれども、なかには、こうした単純なものでは治まらない事態もあります。それは、みなさまがたが大きな役割や使命を担っておられるときです。普通の生活をしておられるのではなく、大きな立場に立っている。責任のある立場に立っていたり、大きな仕事をしている最中には、いろいろなことがあります。こういうときには、そうした反省だけで済まない事態もあります。本当に苦難・困難と見えしものが現れてくる。そして、どちらを取るにしても苦しいというような立場に置かれることがあります。

物事は、何かを選べば何かを捨てなければいけなくなり、捨てるもののなかにも、「金」の光があるものです。自分が取ろうとしているもののなかにも「金」は入っているが、捨てようとしているもののなかにも「金」が入っている。こういう苦しみがあることがいくらでもあります。

そうした選択の苦しみが出ることもあり、また別な意味では、不可抗力とも言えるような、避けがたい大きな厄災と言いましょうか、災害、こういうものが来ることがあります。一生懸命仕事をしていても、環境が激変して、経済環境等が激変して、どうしても持ち堪えられなくなる。会社の経営が持ち堪えられなくなったりする。また、自分の力ではいかんともしがたいような大きな力を持った人が、例えば妨害をしたりするようなことがある。また、中傷をしてきたり批判をしてきたりして、自分の進路を阻むようなことが出てくることがあります。

このようなときには、もはや、一日を振り返って反省をするということだけでは不十分になってくることがあります。

こうしたときに必要なものは何であるか。それは「不動心（ふどうしん）」と言うべきものです。不動心というのがどうしても必要なのです。

必ず、船が揺れる嵐（あらし）のようなときが来ますから、こうしたときを乗り越（こ）えていくためには不動心というものが大事で、この不動心の基礎（きそ）になるものが「信念」であります。信念を持っていれば、この不動心で乗り切っていくことができるようになります。

その信念とは何であるか。

それは、自分の心の正しき発見ができているという、この自信から来るものです。自分の心は愛と善に目覚め、神の理想に向かっているということを確信できていればこそ、自信ができ、これが信念になってきます。この信念に裏付けされて、不動心というものはその力を発揮するようになります。

一方、先ほど言った反省というものは何に裏打ちされているかというと、「謙虚さ」です。

謙虚さに裏打ちされて「反省」ができ、信念に裏打ちされて「不動心」というものが出来上がる。こうしたものを持っていれば、この二つを持っていれば、「反省する心」と「不動心」を持っていれば、いかなる事態が起きようとも、心の平静というものを保つことができます。それは、自分の心の王国を護るということであり、幸福への道の一つであるわけです。

4　さらに「心の発展」が必要な理由とは

なぜ「小聖は山に隠れ、大聖は街に住む」といわれるのか

一番目に「心の発見」、二番目に「心の平静」という話をいたしました。三番目に私がみなさんに語っておきたいこと、それは「心の発展」ということです。

心の発展とは、ずいぶん聞き慣れない内容であると、言葉であると、そう思われる方もいらっしゃるでしょう。「今、心の平静という、心を波立たせない、穏やかにするという方法を聴いたばかりであるのに、次に心の発展とはいかなることか。心が動いていくということなのか。そうすると、平静との関係はどうなるのだろうか」、こういうふうに思われる方もいらっしゃるでしょう。

手近な例でご説明申し上げましょう。例えば、幸福の科学というところは、一年

目、二年目、三年目は、それぞれ年間約三倍の伸(の)び方をしてまいりました。四年目に入ってから、一年に十倍の伸び方に変わってまいりました。来年の予想もおそらく一年で十倍の伸び方をするはずであります。

こういうふうにして来ますと、どうなるか。例えば、ゆっくりとした成長の仕方をしておりますと、そのなかで、心を平静でいられた。私もそうですし、職員もそうですし、会員もそうであったとしても、急速に三倍から十倍という、そういう伸びというものを経験しますと、いろいろな仕事が降りかかってきます。そしてまた、いろいろな事件も起きます。いろいろな抵抗(ていこう)が出てまいります。風当たりが強くなる。水の抵抗が強くなる。いろいろなことが出てきます。そうすると、心の平静を楽しむためには、あまり発展しないほうが実はいいわけです。一・二倍か一・三倍ぐらいで伸びていけば、ゆっくりとみんなやっていけるわけで、いつも心は幸福に満ちるわけです。

でも、なぜ発展のほうが現象として出てくるのか、それを取らねばならないのかと考えてみると、その「心の平静」の喜びというのは、あくまでも個人としての喜び、個の喜びです。一人の人間としての喜びです。

これは言葉を換えてみると、禅寺の禅僧の喜びに近いものがあります。人里離れた山のなかで庵を結んで、坐禅をして心が平静であるという喜びもあるでしょうが、では、すべての人がそういうことができるかといえば、できません。その人は幸福かもしれませんけれども、同じように日本人全員が瞑想生活をするわけにはまいりません。そうすると、この方は一つ自分の幸福は取ったわけだけれども、「他の多くの仲間たちをどうするのか」という視点を忘れておられるわけです。

昔から、「小聖は山に隠れ、大聖は街に住む」といいます。小さな聖人は山に隠れて、大聖、大聖人は街のなかに住むといいます。俗人のなかに混じって生きているというふうにいわれます。それはどういうことかというと、「小さな聖人は、己の心のなかを幸福にすることでいっぱいになっている。その小さな悟りでいっぱいになっているけれども、大聖人はあえて俗人のなかに混じって、そして多くの人々の幸福を考えている。その難しい環境にあって修行をしている」ということを意味します。

私たちも、己一人だけのことではなく、公の幸福、多くの人の幸福を求める心があるかぎり、この発展というものを否定することはできないのです。

ですから、心の平静さを求めながら、同時に、一定の時間のなかでは一見矛盾をするようにも見える発展というものを肯定していかねばならなくなります。この発展のなかで、幸福を見いだし、悟りを見いだしていく道を考えていかねばならなくなるわけです。

心の発展において重要な「希望」と「勇気」とは

では、心の発展において重要なことは何であるか。何がいったい重要であるか。

私は、二つのことをこれも挙げておきたいと思います。一つは「希望」であり、一つは「勇気」であります。希望と勇気という、この二つを挙げておきたいと思うのであります。

希望とはいったい何でありましょう。

私は、希望というものを胸に輝かせている方というのは、やはり自分が神の子であるということを確信している人ではないかというふうに思うのです。自分が神の子であり、ダイヤモンドであるということを、ダイヤモンドの原石であるということを確信できている人は、たとえどのような暗い事態が目の前に現れてこようとも、たとえどのような困難や苦難や悲しみが現れてこようとも、奥深いところで輝きがありますから、これが希望になっていくのだと思います。

そうした自分自身の自己認識がありますし、希望を持って生きるためにさらに大切なものは何であるかというと、私はこれが「神への信仰」だと思うのです。

暗い気持ちで生きている方、自己卑下的になったり、自虐的になったり、愚痴を言ったり、不平を言ったり、不満を言って生きている人たちの特徴は、みんな心に希望がありません。心に希望がないのです。心に希望のない方の特徴はいったい何であるかというと、神への信仰がありません。

たとえどのような事態が起きてきたとしても、この三次元の世界、この地上の世界も神が創られた世界であり、神が「かくあれ」、そして「素晴らしい」と思っておられる世界であるならば、必ずや輝きに満ちたものになるしかないという、そういう発見があってよいはずなのです。

自分一人の小さな心でもって見た場合には、これは自分をいじめているようにも見えるかもしれないし、自分を苦しめているようにも見えることもあるかもしれないけれども、「おそらくは、大いなる神の目から見たら、これは違うんだ。これの意味づけはきっと違うに違いない。

神様は大きな目で人間の転生輪廻というものを見ておられる。人間というのは、何千年、何万年、それ以上の歴史のなかを、何度も何度も地上に生まれ変わって、数十年の人生を約束されている。

このなかでいろいろな出来事があって魂が磨かれるというのは、これは、本当はうれしいことなんだ。神様が自分を進化させようとしてやっておられることなんだ。

だから、これを、世を苛み、世間の人々を恨むように考えるのは間違っているのであって、このなかに必ず自分の進歩を約束するものがあるんだ。進化を約束するものがあるんだ。このなかに希望を見なければいけないんだ」と。

これは神への信仰であります。そう、「信頼」と言い換えてもいい。神への信頼、信仰です。これを持たなければなりません。希望なき人はこれがありません。

そしてまた、「勇気」が必要です。

勇気とは何でしょうか。決然として判断する、そうした意志の力です。さまざまな抵抗のなかで、妨害のなかで、自分を不利に陥れるような立場があったとしても、そういう思いがあったとしても、環境があったとしても、そのなかで、強い意志の力でもって跳ね返し、行動していくこと。これが、この勇気だと思うのです。

先ほどの墨子の話もそうです。一人の人間の勇気です。単身、戦争を起こそうとしていた国に乗り込んでいった。自分一人で行ったら捕まえられるのは簡単だし、殺されても文句は言えない立場です。本来なら軍隊と軍隊で戦うべきところを、一人の人間が乗り込んでいった。意志の力です。希望を持って、意志の力をもって、勇気でもって乗り込んでいった。そして止めたわけです。彼が戦争を止めたことは、その攻め込まれようとしていた国の人間は誰も知らないのです。それでもやった人がいるわけです。そういうことを現にやった人がいる。立派な行為であります。

こうした勇気ある行為が、さらに大いなる発展を招いてくることになります。

すなわち、心の発展のなかに、私は希望と勇気ということを言いましたが、この希望と勇気でもってもたらされるものはいったい何であるかと申しますと、ここにもたらされるものは、魂の器が大きくなるということでありますし、みなさん自身の魂の影響力、よき影響力・感化力が増えていくということでありますし、魂の足腰が強くなっていくということでもあります。

単に現状維持の自分で、悩みさえなければよいという思いから、さらに、荒々しい環境のなかで、そのダイナミクスのなかで、強く、力強く希望に満ちて生きていくことによって魂をさらに発展させ、発展させることによって大いなる喜びを自分も得、また多くの人々を喜びの道に率いることができるわけです。多くの人々に、個人の幸福を超えた「公の幸福」をもたらすことができるようになってきます。

そのためには、どうしても「心の発展」が必要であるし、魂が強くなり、器が大きくなり、大いなる影響力を持っていくことが必要であると思います。

5 「悟り（さと）という名の幸福」を得る

以上で、「心の発見」「心の平静」、そして「心の発展」という三つの心のあり方についてお話をいたしましたが、この三つの「発見」「平静」、そして「発展」を通して得られるものはいったい何でしょうか。

それは「悟り（さと）という名の幸福」であるわけです。私たちが幸福、幸福と言っていることは、実は悟りであり、悟りに付随（ふずい）するものです。「幸福の科学」とは「悟りの科学」の別名でもあると申し述べております。

悟りという名の幸福を、私たちはこの三つを通して知ることができるようになる。そして、その結果どうなるのか。それは、「自分の魂（たましい）の使命を知り、その使命を完全に果たすことができる」ということであります。「悟りという名の幸福を得れば、自分の魂の使命を知ることができ、その使命を完全に果たすことができる。魂を完全燃焼させることができる」ということであります。それが素晴らしいことだと私は思うわけです。

だから、私たちが今提唱しているところの、この「悟りに到る道」を一人でも多くの人にお教えしたいのです。この道に多くの方を誘いたいのです。幸福の科学の教えを学ぶ方がこの日本全国に満ち溢れることを願っているのです。すべての人を幸福への道に誘いたいのです。それが私の願いであり、神の願いでもあるのです。

どうか、この講演会をきっかけに、みなさま、目覚めてください。ありがとうございました。

第2章

仏陀再誕

一九九〇年十月二十八日　説法
千葉県・幕張メッセ国際展示場にて

1　「三千年に一度」の奇跡とは

悠久の時の流れのなかで、私たち人間は、川にできては壊れ、できては壊れして流れてゆく泡沫にも似た人生を歩み続けております。

あなたがたは、この地上に生まれてより数十年、この地上を自分の終の住処であるかのごとき錯覚のなかに生きているのではないでしょうか。

この今日の日に、わが講演会にお出でになったみなさんであるならば、おそらくは、思想として、人間が幾転生、幾十転生を繰り返し、無限とも思われる時間のなかを魂の修行に生きているということを、認めてはおられることでありましょう。

されど、されど、されど、私はあなたがたに問う。

私の言っていることの真なる意味が、
あなたがたのうち、ただ一人なりとも分かっているであろうか。
この私の唇から発せられるところの、この言葉の響きを、
その耳によるのではなく、
その胸の内に秘められたる魂の、真実のその鼓膜で、
聞き取ることができるであろうか。
思えば、百冊を超える真理の書を、あなたがたの前に、私は問い続けてきた。
この四年余りの歳月の間に。
しかし、あなたがたのうちのいったいどれだけの人が、
その活字に盛られ、書店のなかの一角に積み上げられているところの、
わが書籍の、真理の書の真意を読み取ることができたであろうか。
私はあえてあなたがたに言う。

これは決して、
宣伝のために言っているのでもなく、
吹聴のために言っているのでもない。
わが言葉を聞くことは、三千年に一度しかできない。
私はそれを真実として、今、あなたがたに語る。
今より二千六百年の昔、あなたがたの多くは、
あのインドの地において、わが声を聞いたであろう。
そして、この今生の機会を逃しては、
この次にあなたがたが地上に生まれてわが声を聞くは、
今より二千八百年の後となる。
あなたがたは、その間、幾回、
そう、多くの者は十回近く地上に生まれ変わらねばならぬ。
そのたびに、現代の日本で私が説いているところのこの真理を、

あるいは日本語で、
あるいは、あなたがたが再び他国に生まれたときに、その国の言葉にて、
過去の思想として読むことに耐(た)え続けねばならないのだ。
私はそれを予言しておく。

この世において、
さまざまなる出会いがあなたがたを待っているであろう。
しかし、真理との出会いは最も尊いものであり、
現成(げんじょう)の仏陀(ぶっだ)の声を聞くは、
人間として生まれて、
奇跡(きせき)以外の何ものでもないことを知らねばならない。
さらに、さらに、さらに、重ねて私はあなたがたに言う。

本日、一万数千人の聴衆がわが前に並んでいるが、
このなかにおいて、
わが説くところのこの仏説(ぶっせつ)を聞く資格がある者は幾人あるか。
あなたがたのうち一万数千人は、聞く資格なく、今、この場に座(すわ)っている。
それもやむをえまい。
法輪(ほうりん)がまだ回転して間もない今であるならば、それもやむをえまい。
それも認めよう。
しかし、私は言う。
後の世の人々は、あなたがたに問いたいであろう。
どのような悟(さと)りを持って、あなたがたはわが声を聞いたかを。
おそらく、まだ、わが言葉の真実なる光を受け止めることができないままに、
並んでいるところの多くの魂たちよ。
わが願いをまず述べておく。

よく聞いてほしい。
私は、あなたがたに、今、語っているが、
私の言葉は、今わが前に座している人々だけに語られる言葉ではない。
永遠の法として語り継がれてゆくべきものを、私は語る。
今に生きる者のみでなく、後の世の人々のために、
人類の未来のために、人類の幸福への遺産のために。

しかも、私はさらに言葉を継いであなたがたに言おう。
もちろん、私は、多くの書物に書かれているように、
仏陀の魂の、その生命体の生まれ変わりではあるが、
みなさまがたの前に大川隆法として立っているところのこの存在は、
通常、地上には生まれることのない存在であることを。
あなたがたは真の意味において、

今、わが名で呼ばれているところのこの魂を見ることは、
今後、地上においても、天上界においても、ありえない。
それを言っておこう。
通常、「法身」という名で、
「法の身」という名で呼ばれているのが私の本当の姿であって、
人間の姿を取って出ることは、もう、ない。
そう思って、
今回の、「幸福の科学」という名を借りての、
地上における、この真理の活動の意味を知ってほしい。

2　人類の「第二の創世記」が始まる

過去、あなたがたが学んだるところの人類の精神的遺産なるものは、
わずか三千年、四千年の歴史のなかに遺されているものであろう。
それも一つではあるが、それ以前より、悠久の昔より、
この地球に、地上に、あなたがたの魂の修行の場に、真理を打ち立て、
この真理の下に人類の存在を導いたは、わが念いに発している。
その間、億と名の付く歳月を私は見守ってきた。
今日に至るまで、いったい幾千、幾万の文明が、
この地上に生まれては消えていったことであろうか。
その歳月を、地上に下りることなく見つめてきたのが私であります。

すべての人類の思想と、
彼らの拠(よ)りどころとすべき精神的価値の基盤(きばん)を決めたのです。
そして、その精神的なる価値の基盤に基(もと)づいて、
さまざまなる宗教家が、思想家が、この地に生まれ、
わがこの理想を、さまざまなる個性ある表現として問い続けてきた。
私は、それが、人類の劫初(こうしょ)よりの、
無限に近い昔よりの出発点より決められた方向に基づいて展開してきた事実を、
今、あなたがたの前で再確認するとともに、
これより後(のち)、二十一世紀以降の全人類の運命を決するものは、
現代の日本において、わが発する言葉より生まれ出(い)ずる新文明であることを、
明言しておきたいのであります。

すべて、物事には始まりがあり、終わりがある。

今、過去の文明が、もう終わる時期が来た。
私は、人類の過去の文明の幕引き役として、今、現れ、
新しき時代の幕を開けるべき役としてもまた、現れた。
わが現れたるは、過去の宗教や思想や信条は、このようなものは、
海の藻屑となり果てるとも構わぬという天の意思表示である。
これより、すべてのものは終わり、すべてのものが始まるであろう。
あなたがたは、新しき創世記を、その目に見ることになるであろう。
これから、人類の「第二の創世記」が始まるのです。
今、伝承として語り継がれているところのさまざまな神話のなかに、
あなたがたは、かつての創世記を垣間見ることができるであろう。
窺い知ることができるであろう。

しかし、私はあなたがたに言う。

今こそ「第二の創世記」であることを。

後の世の人々は、人類の歴史が、
私たちが西暦(せいれき)と呼んでいるところの、この一九〇〇年代の終わりから、
始まることを知るでしょう。

これより以前にあったことは、
おそらく、人々の記憶(きおく)の底から消えることになるでしょう。
それは、人間が地上に住む以前の、神代(かみよ)の世界の出来事であって、
人間がこの地上に住むようになって文明をつくったは、
この今が最初であると、後の世にいわれるようになるでしょう。
それだけの天変地異もまた、起きるということです。
文明の大部分が姿を消すかに見えるような、
そうした時節が近づいてきております。

3　なぜ再誕の仏陀(ぶっだ)は現代日本の地に生まれたのか

さあ、それがいかなる結果として――、霊界(れいかい)にすでに起きているところのそのような出来事が、いかなる結果として、この三次元の世界に、いかなる時に、いかなるかたちを取って現れてくるかは、私はむしろ知りたくもない、見たくもない、聞きたくもないというのが真実であります。私の意識は、その一点から常に外れています。知りたくないのです。見たくないのです。聞きたくないのです。

けれども信じたい。これが、新しい文明の産みの苦しみであることを。その陣痛(じんつう)であることを。勝利のための苦しみの声であり、悲しみの声であることを。

願わくば、その危機の時代に苦悩(くのう)する人の数を減らしたい。彼らの多くに、「それは霊的世界には起きたが、この地上には起きずに止まったよ」と言ってもあげたい。

しかし、それをすべて実現することは、おそらくは難しいことでありましょう。あるものは起き、あるものは起きない、そのような事態となるでしょう。そして、まさしく、その現在進行形のなかに、私たちの活動もあるということを言っておかねばなりません。

この地球に、さまざまなる天変地異や人災が起きてくるのは、決して、特定の誰（だれ）かがそうしたいからではありません。

私たち一人ひとりにも、己（おのれ）の思いと行いによって運命が展開するように、五十億人（説法（せっぽう）当時）に上（のぼ）る人類も、その共通の想念の集積によって、現在と未来の運命がつくられる。それゆえに、二十世紀までに全人類が溜（た）め続けてきたところのその想念の集積は、わずか数年の、あるいは十年、二十年の間ではいかんともしがたいものがある。自（みずか）らがつくってきた想念の集積によって、自らの運命を招き寄せ、それを享受（きょうじゅ）するならば、それもまた致（いた）し方ないことでもあろう。

しかし、私は、その危機を百パーセント回避することが、たとえできないにしても、何ゆえにそのようなことが起きるかということを言っておきたいのです。人々がこの地に、地上に生きている間に。そうしなければ、彼らの多くは、長らく闇の淵のなかに沈むことになるからです。

この地上にはさまざまなる罪がありますが、最大の罪は「真理を知らない」という罪であります。
真理は、いつの時代にも伝わっているのに、真理を理解できる人は稀である。
その理解できる程度に応じて、人々はその運命をつくる。
国としての運命を、全地球の運命をつくる。
それは原因・結果の法則であって、
この宇宙ができたときより決まってはいるものであるが、
その原因・結果の連鎖を当然として傍観するに忍びなく、

私は、今、地上に出てきたのです。
見ていることができないから、「それが法則であるから」と、
「あなたがたはその運命を甘受（かんじゅ）せよ」と、見捨てることができないから、
今、この地に、このちっぽけな日本の地に生まれました。

霊天上界（てんじょうかい）から見れば、地球など小さな塊（かたまり）です。
日本など、そのなかの一点です。
この小さな一点のような、この小さな小島（こじま）に、肉体を持って生まれ落ちて、
そして、その声で、その言葉で、
五十二億の人に真理を知らしめねばならんという、
この重荷よ。このつらさよ。
あなたがたに分かるか。分からないであろう。
しかし、やらねばならぬことであるならば、

己自身で決めたことであるならば、
あえてその役目を全(まっと)うせんとして出てきたわけです。

4 人類の運命を賭けた聖なる戦いのために

救世の法が説かれるときになすべきこととは

これだけの真理が説かれていても、まだ、日本の、日本人の多くは眠りのなかにあります。その事実を知りません。今、この極東の小さな国において、人類の運命を賭けて、一つの聖なる戦いが始まっているということを、多くの日本人はまだ気づくこともなく、泰平のまどろみのなかにあります。

しかし、その時代認識があったなら、今、日本人としてやらねばならぬことがいったい何であるかが分かる。それはやがて、何十年か何百年か、その年数は知らぬが、今、日本人として生まれた人は、己がこの事実に気づかず、この聖なる使命に参画しなかったことを、魂の奥に、深い悔恨とともに必ず刻印することになるのです。
釈迦（しゃか）が生まれたときのインドに、同じく生を享（う）けた者は多かろうが、
その事実を知らずに去った者の哀（あわ）れなることよ。
イエス生まれしイスラエルに、生命を持った者は多かったであろうが、
その事実に気づかずに、泡沫（うたかた）のごとき生命を終えた者の哀れなることよ。
いや、むしろ、気づかぬままではなく、
嘲笑（あざわら）い、嘲笑（ちょうしょう）し、批判し、非難し、地上を去った者の悲しさよ。
その悲しさは、決して取り返しのつくものではない。
どれほど反省しても取り去ることができない、魂の烙印（らくいん）となっているのだ。

今、あなたがたの前に、イエス以上の者が現れているのだ。
今、あなたがたの前に、二千六百年前に、

インドにゴータマ・ブッダとして呼ばれた者以上の者が現れているのだ。
その事実を知るか知らぬかは、認めるか認めぬかは、
一人ひとりの魂の賭けでもあろうが、
しかし、その賭けは外れた場合に大いなる後悔を伴うものであることだけは、
私はこの場で言っておく。

わが声、今回発せられて、すでに四年。
幸福の科学に集いたる者、その数およそ十万、
日本人残れるは一億二千万、世界五十一億、二億の民が、
あと、その事実を知らずにいる。
救世の法が説かれるということは、
すべてのものを投げ捨ててでも集わねばならぬということなのだ。
幾転生を繰り返し、幾十転生を繰り返し、

幾百転生を繰り返し、幾千転生を繰り返し、
まだ、そのことが分からぬか。
まだ、そのささやかなる真実が分からないのか。

イエスは言ったではないか、
彼の弟子（でし）となる者たちに、「その網（あみ）を捨てて、われに従い来よ」と。
「網を打って魚を獲（と）っている時期か。今、人を漁（すなど）るべき時が来た」。
「人を漁る」とは、人々の魂を救うということです。
人々の魂を救うべき時が来ているのに、
いつまで、川のなかや池のなかや海のなかで、小さな魚を追いかけているか。
それが日々の糧（かて）になるからといって、何ほどのものがあろうか。
人類救済の時に救済せずして、それ以外のいかなる仕事があろうか。
この仕事がすべてであり、それ以外のものは余技（よぎ）なのです。

そのようなものは、あなたがたの天職ではないのです。

わずか数十年、この地上で魂がまとっているところの肉体を食べさせ、
自分の周りに住んでいるところの数人の人間を満足させるためだけに、
一生を使っていいと、本当に思っているのですか。
それならば、現代の日本に生まれるな。
あなたがた以外に生まれたかった人は山のようにいるのです。
その人たちを押しのけて、あなたがたは生まれてきたのです。
その事実を何とする。誰に詫びる。
そんな気持ちで生きるのならば、
この日本に生まれたいと言っていた多くの魂たちに、
代わってやればよかった。
それが人間として取るべき道であった。

にもかかわらず、
「自分のほうが大きな仕事ができるから」と、
「自分のほうがお役に立ちますから」と言って、
あなたがたの多くは、先を争って出てこられたのです。

真実を知らない人々の死後に待ち受けているもの

ところが、わずか数十年の間にその使命を簡単に忘れ果て、そして、あろうことか、この、神の創られた人間を「アメーバのごときタンパク質の一片が偶然に進化したもの」とするようなバカげた思想を信じ、学校教育でも流し、そして、大宇宙から見たならば取るに足らない箱庭のような世界のなかで、全世界を探究しているような気持ちでいるわけです。

すべては、生まれてくる前に天上界で誓った、地上で果たすべき役割を忘れてしまい、いや、あまつさえ、すでに反故としてしまったことの結果であります。

すでに遅いことは遅い。遅きに失したと言えば、それまでであろう。
しかし、地上に命があるということは、この地上において魂が生かされているということは、まだチャンスが残されているということなのです。毎日毎日が新たなる機会の連続であるということであるのです。

各人に残された日々は有限であります。命いつまでもあると思ってはならぬ。この地に生きていられる命は、数えられる日数であるのです。その一日一日を、己の使命を全うするために使わずして、もはや、来世への希望などないと思わねばならん。

あなたがたの多くは、わが記したる書物を読みてすでに知っているであろうが、現代の人々のその数、半分以上は地獄といわれる苦しみと悲しみと暗闇の世界へと旅立っているのが現実であります。

現実そのものがそうであるのに、それに輪をかけたような危険な事態が迫っているということは、どういうことでありましょう。それは、多くの魂たちが永遠の生命を押し潰(つぶ)されて呻吟(しんぎん)するということであるのです。

あなたがたは、その多くの同胞(どうほう)たちのこれからを待ち受けているところのその苦しみや悲しみに、目をつぶっていられるのだろうか。

例えば、ここに二万人の人がいるとして、このうちの一万人が、いや、一万二千人が、数年、数十年の先に、太陽の光も射(さ)さない地獄で闘争(とうそう)と破壊(はかい)のままに生き、そして、一部の者はそこにいることもできずに地上に舞(ま)い戻(もど)って、生きている人間たちに憑依(ひょうい)して、一時的な苦しみを逃(のが)れようとし、そして、彼らをもまた地獄の淵(ふち)に引きずり込(こ)んでいるという現実があるのです。そして、そういうふうに、自分もまた、なる可能性があるのです。

その現実を知っていて黙(だま)っていることは、これは大いなる罪であります。この沈黙(ちんもく)は罪であります。目の前にざっくりと大きな穴が開(あ)いていて、自分の友人たちがもう数歩歩けばそのなかに落ちていくというのに、黙っていることは、これは罪です。罪なのです。明らかに罪であるのです。

知っているのに、それを教えてあげることさえできないということは、何たることでありましょう。

それでも、自分の今まで数十年生きてきたところのその生活が守れたならば、それでよいと言うのだろうか。そんな狭い小さな心であってよいのであろうか。

大きな声で叫ばねばなりません。
そして、人数がとてもとても多いですから、
私たちは、知力・気力・体力のすべてを投入して、
彼らを救う時間を早めねばなりません。
早くしなければならないのです。
時間を縮めなければならないのです。
縮めなければ、それだけ遅くなるのです。手遅れになるのです。
多くの人々が知ることなく、真実を知ることなく、

幸福な世界から消え去ってゆくのです。

もし、今、大きな戦乱が起きて、何万、何十万もの人が死ぬとしても、そのなかに、一人でも多くの人が真理を知っているということが、彼らを救うことになります。

肉体の生命を救うことができないとしても、彼らの永遠の生命を幸福な世界に連れていくことは可能であります。

息を引き取るまでが勝負であるのです。

そのときまでに真実を知らなかった人々は、それからあと、いったい誰に尋ねればいいのですか。

誰が教えてくれるのですか。

ましてや、死後の世界を信じもしなかった本人であるならば、誰が救うことができましょう。

ちょうど、病院の前で病気になったとしても、

「医者など信用しない」と言ってその門をくぐらねば、
その人が死んでいくように、
己自身が気づかない者は、そうたやすく救っていくことはできません。
それは真実です。

5　縁生(えんしょう)の弟子(でし)たちよ、今こそ仏弟子の本懐(ほんかい)を遂(と)げよ

私が、この四年、百回を超(こ)えるさまざまな話をしてまいりましたが、それらの話は、あなたがた自身が自分のものとし、それを他の人々にもお教えし、その人が自分のものとしないかぎり、救いにはなりません。

私のこの説法(せっぽう)は、私の説いているところの法は、私の書物に書き記(しる)されているところの思想は、ちょうどあの満月を私の指が指(さ)し示しているのと同じであって、私は月を指し示すことはできるが、その月を見るのは各人であるのです。

いまだかつて、私はあなたがたに月を見せることはできなかった。指し示すことはしたが、月を見せることはできなかった。満月の美しさを見せることはできなかった。それを見た者があれば、それは己(おのれ)の目で、己の心で見たのです。

それが、この私の法を聴くときに大事な要点でもあるのです。
私は法を示すが、私は真理を指し示すが、その真理を魂の理解とし、そして己が人生を照らすのは、あなたがた一人ひとりであるのです。

もし――、いや、「もし」という言葉はふさわしくはない。
きっと、あなたがたが、今、このわが説く法を聴いて、
魂の奥において真実をつかんだならば、
己の目で満月を見よ。
己の灯火で道を照らして歩め。
そして、その暗闇の道を、自らの光で照らしながら歩んでいるときに、
手探りで進んでいる人を見たならば、彼らにも教えてほしい。
あなたがたがどうやってその光を灯したのかを、彼らにも教えてやってほしい。
あなたがたは、彼らを導くことはできる。

ちょうど、満月の相を指し示すことができるように。
しかし、その真実を会得するは一人ひとりのものである。

けれども、自ら照らしつつ道を歩む者として、
その道の途上で光なく歩んでいる者を見たならば、
黙っていることは、私は許さない。
彼らがその光を自ら灯そうとするかどうかは、彼ら自身のものであるが、
その光を灯す方法を、真理に到る道を、
真理をいかにしてあなたがたの魂が会得したかを語らねばならん。
語らねば、私の法を、教えを、真理を聴いたとは言わせない。
知ったとは言わせない。
真理は、行じてのみ初めて、己自身のものとなるのです。
それは単なる知識ではない。空理空論ではない。机上の空論ではない。

比喩(ひゆ)でもない。幻想(げんそう)でもない。
それは、実際にやってみたら分かるものなのです。
誰(だれ)に強制されるのでもなく、判定してもらうのでもなく、己自身が分かるのです。
ちょうど、銀の匙(さじ)が何度スープを運んで、人の口にその温かい味を伝えても、
己自身はそのスープの味を知らぬように、
現にそれを、この法を知り、悟(さと)りを得たと思うならば、
それを行じてみなければ自分のものにはなりません。
決して自分のものにはならん。
銀の匙のように、スープの味を知らないままに一生を終えることになる。
味わってみなければ分からない。
味わうためには行ずることです。
当会のこの教えが人類を幸福にするものであるかどうかが、
あなたがた一人ひとりがそれを実践(じっせん)してみせれば分かる。

実践してみせれば、
人が幸福になるかどうか、己が幸福になるかどうかが分かる。
聞く耳あらば、わが教えを実践せよ。
聞く心あらば、わが声に耳を傾(かたむ)けたならば、それを行じてみよ。
味わってみよ。
味わってみれば、真理とは何であるかが分かるであろう。

私が言いたいことは一つ。
仏陀再誕(ぶっださいたん)の今、
救世の号令がかかっている今、
その声を聞いたならば、
あなたがたは伝道以外に生きる道はないということです。
人々にこの真理を宣(の)べ伝えることです。

わが声を伝えよ。
わが宣べ伝えるところの真理を人々に語れ。
伝えよ、伝えよ、この真理を、この法を、わが説くところの法を。
見よ。わずか「百八十万部突破（『太陽の法』）」と書いてあるではないか。
こんなもの、数字のうちに入っていない。
私は、日本人全員に真理を読んでいただきたい。
翻訳された真理は、世界に広がらねばならぬ。
法を説くは師にあり。
法を弘めるは弟子にあり。
弟子の仕事であるのです。
諸々の比丘、比丘尼たちよ。
縁生の弟子たちよ。

幾千、幾万のわが弟子たちよ。
今こそ、あなたがたは己の使命に気づき、
仏弟子としての本懐を遂げるときに来ているのです。

これより、大伝道を繰り広げたいと思います。
この日本中に真理の旗が立つまでは、
あなたがたの仕事に終わりはないと思ってください。
全世界にこの真理が伝わることなくして地上の命を失ったならば、
その人生は失敗であったと思ってください。
私もまた、決して退くことなく、
どのような批判や中傷が、たとえ、わが頭上に山のごとく積まれようとも、
断じて妥協するつもりはない。
これより後、前進あるのみです。

みなさま、共に頑張(がんば)ってまいりましょう。
ありがとうございました。

第3章

押し寄せる愛の大河

一九九〇年十一月二十三日　説法

沖縄県・沖縄コンベンションセンターにて

1　暗雲たなびく時代の「確かな希望」とは

サッチャー首相の辞任、ゴルバチョフ政権の最期が意味するもの

本日は、会場になかなか最後の一人が入らないので始められないでおりましたけれども、大河というのは少しずつ押し寄せてくるものでございまして、最初は小さな河の流れからだんだんだんだん大きなものになっていくものですから、少しずつ話をしながら本論に入っていきたいものだなというふうに思っています。

沖縄は、もともと本年度の講演会の予定には入っていなかった所であります。けれども、非常に情熱的な会員が多数おられて、私もやむにやまれない気持ちになりまして、もともとはこの十一月は最初の海外講演会をやろうと思っていたところを、そちらを中止して、海外とは言えないけれども景色は似ている沖縄に来たわけなの

です。やはり、情熱というものは人を動かす何かを持っているものであるというふうに深く思った次第であります。

さて、昨日、イギリスは――、そう、ここから見ればはるかに離れた国ですけれども、その国のサッチャー首相が辞任するということを語っていました。十一年余りにわたって、あのイギリスを率いてきて、チャーチル以来の大宰相といわれた女性であります。「その辞任の決意を述べたところ」および「イギリスの動静」等を今朝の衛星放送で、フランスの国営放送でしたけれども観ていたのですが、私の胸に万感迫るものがございました。

かつてあれほど栄えた大英帝国、それが先の世界大戦以降、次第しだいに列強の一つに落ち、経済は不況となり、そして「イギリス病」という言葉さえ蔓延するようになりました。そのときに女性の首相が登場し、十年以上にわたって、類稀なる指導力、決断力でもって国をまったく違う方向に率いていきました。国全体がこのように沈んでいるとき、不幸な方向に向かっているときというのは、政治家はその国民の多数の意見に従ってはいけないのです。その意見に従った場合には、同じように国というものは間違った方向に向かっていくわけで、そういうときにこそ指導者は勇気ある決断をし、舵取りをしていかねばならんわけです。

「鉄の女」ともいわれましたけれども、このサッチャーにはそういうところがございました。「たとえどれほどの反対者があっても、わが信ずるところを断行する」と、「そこに必ず道は拓ける」、そういうことでやってこられた方でありました。十年余りの間に、イギリス病は、イギリスのその斜陽化した姿はかなり姿を消して、好況を呈してきました。十年以上の流れのなかで、人々はその有力な指導者にも愛想が尽きたのかもしれませんが、私はその辞任する姿を見て、「一つの時代が、この一九九〇年というときに終わろうとしているのだな」ということを切々と感じたわけであります。

あの方も、私たちが「高級霊界」と呼んでいるところの、私たちの言葉によれば「菩薩界」といわれるところから出ている指導者でありますけれども、同じ時代に生きた光の天使、政治の方面に出た天使がその仕事を終えて引退していくという姿を見ました。

それからもう一つには、今、ヨーロッパで不戦条約等で盛(さか)んに顔を出していますソ連（当時）のミハイル・ゴルバチョフという指導者がおります。この方も、私たちの言葉で言えば「八次元」といわれる如来(にょらい)世界から出た偉大(いだい)な光の指導者です。そして軍事力を使うことなく、東西の冷戦を終わらせ、東ヨーロッパを解放に導きました。数百万の軍隊でもできないことを、「言論」と「思想」でやってのけました。

しかし、この方の政治生命も八割がたもう終わりました。おそらくそうなるでしょう。おそらくそう遠くない将来に、私たちは、彼の辞任か、悪ければ暗殺ということもあるかもしれませんけれども、そうした、彼が政治の舞台(ぶたい)から消えていく姿を見ることになるでしょう（注1）。

それは、八〇年代、世界をリードしてきたところの、平和をつくり出してきたところの、光の天使たちの第一段階の努力が終わって、そして〝谷間の時代〟にこれから入るということを意味しております。そうした努力が一通りの実りをつけたあとに、時代が暗い谷間に入っていくことを意味しています。

サッチャー首相にしても、保守党の党首選挙の第二回投票に臨めばおそらく再選されたでありましょう。そして、あと四年の任期を全うすることもできたでしょう。おそらくそれは、イギリスの国民にとっては四年間幸福が続くということの選択になったでしょう。しかし、流れは先ほど述べたようになってまいりました。

今朝観ていたテレビにも、サッチャーの人形が燃やされているシーンが出ていました。そうした、暴動が起き、人形を燃やしているような姿も出ました。偉大な光が活躍していても、それに気づかず、それを葬り去る人たちがいるということ、これは、ソ連においてもおそらくそうでありましょう。

ゴルバチョフの次に来る男は〝恐ろしい男〟であると思います。そしてこれがもし短い政権に終わるようなら、その次に来るのは〝もっと危険な男〟であると思います。それが出てくると思います。もしゴルバチョフ政権の最期をみなさんが見ることになったならば、それが新しい〝暗闇の時代〟の始まりであり、おそらくは世界に「不況」と「政治的不安」と「各種の動乱」、「病気」、「失業」、そういうものがはびこり始め、そして暗雲たなびく時代が始まったことを感じるでしょう。

方途なき時代のなかで、確信を持って行動を重ねる幸福の科学

　そのなかにあって、この日本という国がどういう舵取りをしていくか、それは定かではありませんが、おそらくは、まだまだここ十年ほどは、嵐のなかに揺れる小舟のように、あちらにこちらにとその針路を取り、漂うことになるのではないかと思います。指導者のない世界がいったいいかなるものであるかということが、多くの人々に気づかれ、そして問題視されていくようになるでありましょう。

　そしてまた、私たちが日本人としてその希望を託しているところの「国連」という組織がいかに無力であるかということを、私たちは知るようになっていくでしょ

う。その無力さは、すでにもうその姿を見せ始めています。国連の決議一つを取ってみても、実効性がない、また、船頭多くしてその意見まとまらず、こうした時代が来るわけであります。

その方途なき時代のなかにおいて、日本に生きる私たちも確かな道を探っていかねばなりません。そして物事は何事もそうでありますが、簡単には決まるものではなく、難産のなかを、いや、さまざまな苦難のなかを通り抜けて、初めて道というものは開けてくるものであります。

私たちが幸福の科学を通じてやっているところの運動は、まだまだ小さな運動にしかすぎません。それはまだ流れ始めたばかりの河の流れにも似て、将来の大きさは感じられはしても、現実には小さな小さな流れにしかすぎないのです。まだ全世界を覆い尽くすような愛の大河にはなりえていない、いや、なるかどうかさえまだ十分には分からないといった現状でしょうか。

けれども、そうした大きな国際情勢の動きのなかで、時代の谷間のなかで、確信を持ち、確かな自覚を持ち、確かな確かな希望を持って、ささやかな行動を積み重ねているのが、われら幸福の科学に集う者たちであるのです。

四年前の今日、東京は日暮里で、日暮里酒販会館（現・幸福の科学　初転法輪記念館）という、わずか四十畳の小さな畳の部屋で、九十名ばかりの人を集めて、最初の説法をいたしました。これが初転法輪であります。最初の法輪が巡ったところであります。四年たった今、同じ東京では二万人に達する人々が、私の話を聴いてくださるようになりました。そして四年前には思いもしなかったことですが、この沖縄の地においても、本日のように四千人もの人が集まってくださるようになりました。

こうした大きな流れが始まってきていることが、私が幸福の科学の指導霊たちを信じた、単純に信じた、単純に彼らの言葉を信じ、それを守り、実践に移したことのおかげだと考えたならば、なんとありがたいことでありましょうか（注２）。

当会の指導霊に出てくる方々は、地上の人間から見たならば、まさしく「神」に近いと言ってもよい人たちです。「神の言葉を信じる」ということが、これほどまでに大きなことであるのか。偉大なることであるのか。そうして、目の前に展開している光景は、ささやかな人間の心のなかに起きた「信じる」という思いが多くの人々を動かし、そして現実に彼ら自身を変えていくということのみならず、彼らを通じて、さらにさらに大勢の人々へと、この真理が、神の理が、教えが広がりつつあるという事実であります。

一人の人間でなせる仕事は少ないものですが、それを信ずる者が現れてきたときに、最初の歯車が次の歯車を動かし、さらに大きな歯車を動かしていくがごとく、仕事は当初予想された力をはるかに超えたかたちでの広がりを見せていくものだなと思うものであります。

（注1）本講演の一年後、ゴルバチョフ氏は大統領を辞任した。

（注2）天上界には、あらゆる宗派や領野の違いを超えた五百人以上の高級諸霊からなる、地球神エル・カンターレを支援する支援霊団が存在する（『真実への目覚め』〔幸福の科学出版刊〕等参照）。ただし、神の言葉を伝える預言者と主なる神とは違うというのが現在の見解である。

2　先の戦争をどう受け止めるべきか

さて、最初に政治の話をいたしましたけれども、政治と経済は密接に結びついているものであり、この政治・経済がもたらすものはいったい何であるかと申しますと、多くの人々の人命にかかわる、あるいは幸福にかかわることが、そこに現出するということであります。

沖縄(おきなわ)のみなさんは、四十五年前に戦争というものを実体験されました。日本国民のなかで、これほどまでにその身を苦しみのなかに置かれた方々はいないかもしれません。みなさまがたの身内が、ご両親やきょうだいや友人やお子様がたが、二十万といわず亡(な)くなったはずです。

みなさまがたの多くは、その事実を思い返してみても、何ゆえの死であったのかが、おそらくは分からないでしょう。何ゆえに死ななければならなかったのか、何を護るために死んだのか、死んでいったいどうなったのか、これが分からないでいるでしょうし、亡くなった方々も、おそらくは納得されないままに亡くなられたのではないかと思います。

けれども、最初に申し上げたように、戦争というものは政治の延長のなかにあります。そして、その政治をつくっているものは何であるか。動かしているのは指導者です。しかし、その指導者を支持しているのはまた国民であります。すなわち、「政治の責任というものはやはり国民から発生しているのであり、国民から発生したその政治が、その結果、失敗に終わったときには悲惨な結果に終わる」という因果関係を、戦争というものは示しているのであろうと思います。

すなわち、「私たち一人ひとりは、個人としては自由に生きているけれども、一人ひとりで生きているのみならず、大勢の人が集まって、そして社会をつくり、国家をつくり、また世界をつくっている。ゆえに、個人個人の上に成り立っているところの、家屋にも相当するところの、そうした組織、大きな共同体の行為の結果、それをも甘受せねばならん」ということを言ったのです。

個人が間違いを犯せば、その反作用が来るように、個人たちが集団でつくっているものが間違いを犯せば、その反作用もまた来る。それもまた享受せねばならんのが、政治的人間であり、公共性を持って生きている人間であるところの、私たちの宿命でもあるわけなのです。

そして、その根本にあるのは一人ひとりの選択です。「政治的主張・信条」の選択、「経済的な考え方」の選択、そして人間としていちばん大切なところの「精神的なるものの考え方」「宗教的なる信条」の選択、こうしたものが、こうした選択の積み重ねが、実は大きなものをつくり出し、その大きなものが走り出したときに、すべての人の運命を、そのなかに引き込むことになるようになっていくわけであります。過去四十五年前に、そうした結果として、この島の多くの人々が亡くなったわけであります。

私の推測するに、これだけの年数がたったなら、おそらくは亡くなられた方の三分の二ぐらいはもう、もともと自分のいた世界に還っておられることであろうと思いますけれども、まだ三分の一ぐらいはそのままで残っておられるのではないのか、亡くなられたときのその悲惨な状態のままで、地上を去った世界においておられるのではないかと思うのです。ですから、その数、やはり数万から十万近い方はまだそういう状態のままに置かれているであろうと思います（説法当時）。そして理由がつかない苦しみのなかにおられると思います。だからこそ、この沖縄の地においては、宗教活動も活発であるし、先祖供養等の習慣も他の所以上に多いのであろうと、私は推測しております。

3 正しい意味での供養で先祖を救う

地獄で苦しんでいる霊はどうすれば救われるのか

けれども、私はここで一つの真実をみなさまがたに語っておかねばなりません。人間は根本的に「自由」というものを与えられた存在でありますが、その自由、すなわち「思いにおいて自由」「行動において自由」という、この自由が与えられた代償に、すなわち引き換えに、「責任」というものを必ず伴うようになっています。

自由に考え、判断し、行動していいが、責任は必ず伴う。この責任に当たるものが、この地上を去った世界において生じてまいります。たとえどのような生き方をしても、この地上の生命を終えるまでは、神は私たちを生かしておいてくれますが、地上を去った世界に赴いたときに、地上に生きていたときに思ったことや行ったことの総決算をせねばなりません。その結果、たいていの場合、私たちは霊となってから、「いわゆる天国といわれる天上世界に還るか、地獄世界に還るか」という選択をせねばならぬようになってきます。

そして、これは自由に伴う責任そのものであって、「どういう人生を生きたか」ということが、そのまま、その結果につながってきます。この連鎖は、本人がその責任を負う以外に道がないのです。基本的にはそのようになっております。

したがって、多くの人たちが、今、亡くなられて苦しんではおりますが、その方々を救うのは、最終的にはその方々一人ひとりの心なのです。思いなのです。自分たち自身が納得しなければ、分からなければ、救われることはありません。それは、お線香を供えることによっても、お題目を唱えることによっても、救われることはありません。要は、生きている人が、「供養」という名の、彼らに対する「諭し」をしても、彼らがそれを受け入れて、そして自分の身の処し方を決めえたときのみに「救い」という行為は発生してくるのです。

ところが、そうした先祖供養の多くは、生きている人たちの心の慰め(なぐさ)になってはいるけれども、実際上の救いになっていないことが数多くございます。いや、救いになっていないだけではなく、むしろ反対になっていることがよくあるのです。

というのも、死んだときに、自分の「永遠の生命」というものをよく知らず、また、人間の本当の「真実の生き方」ということを知らないままに死んでいった人たちは、肉体を去ったあと、いかに行動すべきか、どうしたらいいのかが分からないでいる。そこへ自分の子孫(しそん)たちが供養をしてくれていますと、分からないままに、「ああ、彼らが自分を救う責任があるんだな。義務があるんだな」と思って、やって来るのです。

それだけならよい。けれども、そこで災い(わざわ)を起こすというようなことも、ままま、世の中にはあることがあります。それは起こすべくして起こしているわけではなく、彼らにとっては知らず知らずに犯(おか)している罪でありましょうけれども、子孫を頼(たよ)ったりすることによって、病気を起こしたり事故を起こしたり、さまざまな不幸を呼び込むことがよくあります。その結果どうなるか。「では、迷っている人はそれで救われるか」といったら、救われないのです。それはさらに罪を重ねたことになって、苦しみの時期はもっと長引くことになります。

そこで私たちは、正しい意味での供養というものをしてやらなければいけないのです。正しい意味での供養とはいったい何であるかと申し上げますと、それはまず、供養する側、すなわち生きている人間自身が真実の人生に目覚めなければならないのです。「人間はかく生きるべし」ということをまず知らなければならないのです。知っていなければ、教えてあげることができないのです。

自分たちが――、そう、そのままで行ったら本当に地獄に堕ちてしまうような生き方をしている人が、すでに地獄に行っている人を救うということは、これは不可能なことなのです。それは、同類が同類を呼んでいるだけであって、救うことにはならないのです。それは、泳ぎのできない人が溺れている人を救えないのとまったく同じ道理であるのです。溺れている人を救うためには、水泳の達人でなければ、救えないのです。

　水泳の達人であるとはどういうことであるかというと、「この世において、神の心をわが心として幸福に生きている人間でなければ、救えない」と言っているわけなのです。その方法をまず知らなければならないのです。

　生きている人間のほうが先なのです。そうでなければ、救うことはできないのです。

　そして、この「生きている人間が先である」ということはどういうことかと申し上げますと、これは二重の意味でよいことであるのです。それはまず、「生きている人間が自分の人生に責任を持てる」という意味において――、そう、「将来、子孫に自分を供養してもらう必要がなくなる」という意味において、大事なことです。

　自分のことを自分で決定し、そして責任を取れるということは非常に素晴らしいことです。これにおいて一つ大事なことであるし、「自分自身が自分を幸福にできるということ、この力の余力をもって、迷っている人たちをも、その間接的なる光において救うことができる」という幸福もあります。そして、これは失敗のない道であるのです。

天国に還れる人と地獄に堕ちる人を分けるもの

ところが、この沖縄にも多いでしょうけれども、先祖供養を中心とした教えのなかには根本的に間違ったものもございます。それが何かというと、要するに、生きている人間にとって、自分自身をまったく振り返る必要のない考え方、教えです。「あなたが不幸なのはあなた自身の責任ではない。それは先祖が迷っているからだ。それは三代前の人がこうなったからだ。それはこういう人が祟っているからだ」、こういう考えがあります。

事実としては、そういうこともありましょう。霊視をしたらそういうことだってあるでしょう。もしそれが事実だとしても、他の人のそういう障りによって、仕業によって自分の不幸がつくられていると思う心は、その心自身がすでに地獄であるのです。地獄的であるのです。だからこそ、そういうものを引き寄せているのです。

天国・地獄を分けるものは簡単です。

自分で自分の間違いを正せるか、すなわち自分の責任を認められるか。

自分の責任と思わずに、他人のせいや環境のせいにするか。

選択肢は単純なこの二つなのです。

そして、自分自身の責任として、反省をし、努力をして自己を改善していける人は、地獄に堕ちないのです、絶対に。簡単なことなのです。ところが、他人のせいや環境のせいにする思いで生きている人は、結局、自ら積極的に地獄というものをつくり出している張本人でもあるのです。

あなたがたも、見てごらんなさい。自分の身の回りの人たちを見てごらんなさい。

天国的で、光が出て、笑顔で生きている人の特徴はどうですか。よいことがあったら、「これはみなさまのおかげです」とおっしゃり、また「神様のおかげです」というふうにおっしゃって、自分の得意のものにはせず、悪いことがあったら、「これは精進が足りなかったからです。私の努力が足りませんでした。勉強が足りませんでした。そして今後いっそう頑張らせていただきます」と、こういう態度で生きている人が隣人にいたら、不愉快な気持ちが起きるでしょうか。不調和な考えが起きるでしょうか。どうでしょうか。

その逆に、悪いことが起きたら、「これは他人のせいです。他の人によって起こされたのです。自分の責任ではありません。環境のせいです。時代のせいです。政治の責任です。経済の責任です。不況の責任です」、こういうふうに言い、よいことが起きたら、「これは俺の力なんだ。自分の力なんだ」と言っている人を、どういうふうに感じましょうか。まあ、そういうこともあろうかもしれないけれども、しかし、あまり親しく付き合いたいという気持ちは起きないでしょう。

そうなのです。これが天使たちと悪霊たちとが一緒に住めない理由でもあるのです。考え方が根本的に正反対であるから、一緒に住んでいくことがつらいわけです。そういうこともあるわけなのです。この単純なことができないのです。

だから、「先祖を供養したい」という心そのものは愛の心であるけれども、「先祖が祟っているから自分は不幸なのだから、これさえ切ってしまえば幸福になれる」というふうな心は、これは愛の行為の逆になります。

私の言っている愛とは、与える愛、人に尽くす愛ですけれども、この逆の行為、すなわち奪う愛、あるいは奪い取る愛、もぎ取る愛、要するに、「他人のせい」によって自分の幸・不幸を調整しようとする心、こういう方向になってくるわけです。

こういう人が増えてきますと、社会が全体におかしくなってくるようになり、また地獄の人口が増えてくるようになるわけです。この根本的なところをまず押さえなくてはなりません。

まず供養する側が真理を学ぶということの大切さ

そこで、今日は沖縄での特別講演会でありますから、通常のところであれば、もっともっと幸福の理論というものを説くわけですけれども、特別な地の特別な講演会ですので、幾つかの具体的な方法をお教えしたいと思います。みなさまが、人間として生きておりながら、この霊界世界とのかかわりを持つ上においてどうしたらいいかということをお教えしたい。

亡くなった方でも、先ほど言いましたように、天国と地獄と、二つに分かれるわけで、天国に行かれている方は基本的に供養の必要はないのです。彼らは幸福に生きておりますから、ときどき彼らを思い出してあげて、そして感謝をしてあげればそれで十分ですし、向こうもそれで喜んでいます。まったく満足して生きておられるわけです。

問題は、天国に行っておられない方の場合です。では、どうしたらいいのか。そういう方が身内にいたら、知り合いにいたら、では、どうしたらよいのかということですけれども、霊界世界、この地上も含めての霊界世界を貫く法則の一つに、「縁の法則」というものがあります。「縁」というのは、何々の縁、親子の縁、あるいは三世の縁とかいうふうな縁です。縁です。縁がなければ、霊的な作用というものは働きません。この縁というものが非常に大事で、肉親にもし迷っている方がいたとしても、この人を救うためには、救うための縁が必要なのです。

この縁とはいったい何か。

先ほどで言えば、「水泳の達人は溺れている人を救うことができる」という話がありました。経済的に言えば、お金持ちは貧乏人を救うことができます。勉強で言えば、よく勉強ができる人は勉強ができない人を教えることができます。同じように、彼らを幸福にするためには、彼らを幸福にすることを知っている人が必要です。その存在が必要です。こうした縁をつける必要があります。すなわち、彼らを供養する側にある人間が真理を悟るか、あるいは真理の縁に触れるということが非常に大事になってくるわけであります。

今、この沖縄には、各地の書店に百冊近い私の書物のコーナーができていますけれども、この百冊の書物というのはどういうふうに見えるかといいますと、これは霊的な目が開けている人が霊視をしますと、そこはもう金色の塊に見えるのです。

はっきり金色の塊に見えます。それはちょうど仏像を置いているのと変わらない感じなのです。そこから光が出ています。

そうしますと、いったいどういうふうにすればよいかといいますと、まず、この百冊に上る真理の書籍というものを上手に使っていただきたいのです。

この書籍を読むときに、生きている人間は勉強しているわけでありますけれども、同じく、その勉強をしているときに、自分が縁のあった方、迷っておられると思われる方がいましたら、そうした方々のことに思いを馳せながら、「○○さん、これから私は真理の学習をするから、この本を読むから、あなたもどうか一緒に分かってくださいね」という気持ちを持って学習を始めますと、その思いというのが一つの縁になって、みなさまがたが学習している内容があちらに伝わっていくようになるのです。

地獄には書物もございません。ＣＤもございません。だから、彼らは勉強することもできないのです。しかし、そうした縁ができますと、そこで地上の人の経験というものが彼らのほうに流れ込んでいくようになって、彼らも学習することができるようになってまいります。これは大事なことなのです。

ただ、急に、一足飛びに一日でその悟りが伝わるということはありませんから、日々に学習を続けていくことが大事で、少しずつ少しずつ学びながら、その自分の学びを確かにしながら、それを伝えていくことが大事であります。

ですから、地上に生きている人が何年も真理を着実に学び続けておりますと、次第しだいに、それは、過去亡くなられた方、戦争で亡くなったような方にも伝わっていくわけです。一カ月、二カ月、三カ月、半年、一年、二年、学習を続けていると、彼らにも伝わっていきますから、あなたがたが初心者であればあるほど、彼らにも分かりやすいわけです。初心者が学びを始めて勉強したものは、やっと分かる程度ですから、その程度から始まっていくと、非常に分かりやすいわけなのです。だんだん、だんだんに染み込んでいきます。そして分かってくるようになってきます。これは大事なことなのです。これが、「学習の効果」の意味合いとして、霊界世界とのかかわりにおいて非常に大事な部分です。

『般若心経』の一万倍の力がある経文『正心法語』を供養に使う

もし仏壇とかがあって、そこに、亡くなられた方、息子さんとか、お父さんやお母さんやおじいさんの写真等が飾ってあるのだったら、できればその横に本棚を移して、どうか真理の書籍を並べてあげていただきたいのです。そうしますと、霊的に見ますと、いつも光がそばにいる感じになるのです。本当に感じるのです。そういう感じがします。

また、月に一回ぐらい、そうした方を供養する場合には、私の本のなかでは『太陽の法』とか『仏陀再誕』とか、こういう本が非常に大きな力があります。『仏陀再誕』等はお経になっていますので、こうしたなかに、亡くなった方

『太陽の法』（幸福の科学出版刊）

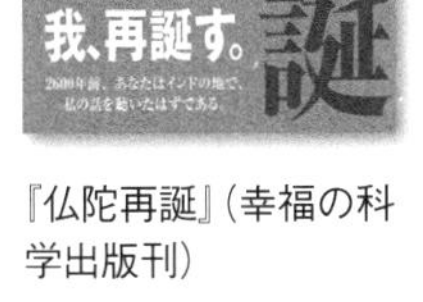

『仏陀再誕』（幸福の科学出版刊）

の写真を挟んであげて、そして仏壇にしばらく入れておいてほしいのです。そして、会員であれば、『正心法語』という経文があります。これを唱えてあげますと非常によく効きます。真理の書籍で写真を包むというかたちですけれども、それで、実際上、亡くなられた方の霊体のほうが光に囲まれるかたちになるのです。そういうふうな感じを受けるようになります。そして『正心法語』を唱えてあげますと、非常によく伝わります。

この『正心法語』というのは、今、会員のみに行き渡っていますが、この力は、例えば今、尊いお経といわれている『般若心経』とか『法華経』とか、こういうものがありますけれども、この一万倍ぐらいの力があります。はっきり言ってその力は一万倍ぐらいです。

なぜかといいますと、『般若心経』とか『法華経』とか、こういうものは釈迦の

『仏説・正心法語』(宗教法人幸福の科学刊)

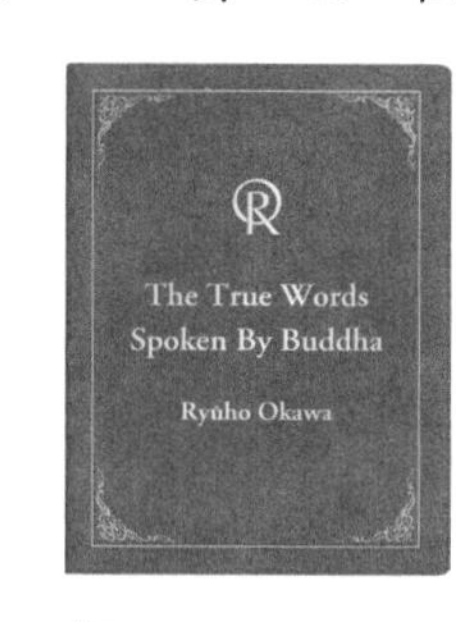

『The True Words Spoken By Buddha』(宗教法人幸福の科学刊)

弟子が書いたものです。それもストレートにではなくて、時代を下って編纂されました。何百年も下ってから編纂されたものであり、さらに中国語に翻訳されたものです。『般若心経』などは中国語で読むかもしれませんけれども、『法華経』などは書き下しで、日本語で読んだりしています。かなり、力としては落ちています。

けれども、『正心法語』というのは、九次元霊界、最高霊界のなかの仏陀意識からストレートに降りている経文なのです。だから、地上にはこれ以上の経文はないのです。過去もなく、今もないのです。ですから、これは本当に一万倍ぐらい効くと思ってください。『般若心経』を一万回唱えるのと、『正心法語』を一回唱えるのとは同じぐらいです。そのくらいの力なのです。それだけの力を持っています。会員はそういうところで、その経文を使うことが可能です。

また、『祈願文』というものがあります。『祈願文』のなかには、先祖供養の経文がございます。この経文は、あげていきますと、読んでいる人自身が反省ができて、そして正しい心の波動になるようになっています。あの世の人を供養するのみでなく、生きている人間自身が正しき心を探究できるような経文になっていますから、両方に通用する経文です。これを使いますと非常にいい。そういうふうに思います。これもそうとうな威力であることは間違いありません。これが基本的なやり方であります（注）。

『祈願文①』（宗教法人幸福の科学刊）

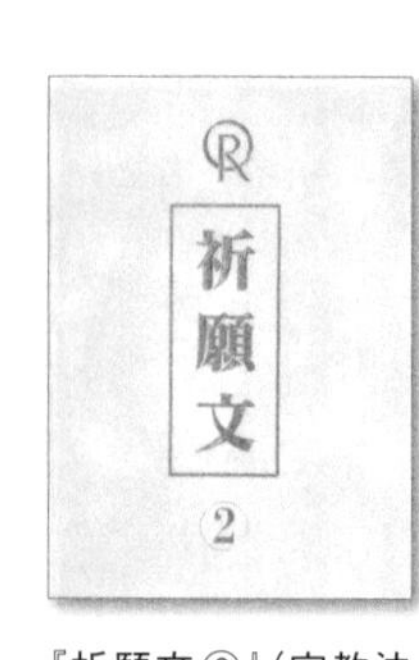

『祈願文②』（宗教法人幸福の科学刊）

（注）現在、幸福の科学では、全国の精舎や支部、来世幸福園（霊園）等で先祖供養大祭や法要等を行っており、そうした行事に参加することによって、地球神エル・カンターレの救いの御光が注がれるなか、導師の下、安全なかたちで先祖供養をすることをお勧めしている。

4　悪霊(あくれい)を撃退(げきたい)するための方法

万人(ばんにん)に共通する悪霊対策の王道とは

さらに、これ以外についても言っておきましょう。

いろいろな宗教を巡(めぐ)っておりますと、そのなかで正しい宗教というのは、現在、非常に少ないのです。正直に言えば、百に十もないと言ってもよいでしょう。百のうち九十幾(いく)つはおかしいと思って間違(まちが)いありませんし、霊能者(れいのうしゃ)を語っている教祖の多くも――、まあ、半分ぐらいは偽物(にせもの)であり、実際に霊能力を持っていても、「高級霊体質」、高級霊と語り、その言葉を伝えられる体質を持っている方はごくごくわずかで、たいていの場合、「悪霊(あくれい)体質」です。悪霊の言葉を伝えている。

そして、それを聞いてありがたがっている人がいっぱいいる。地上の人がいっぱいいる。そして、お賽銭を投げ出す。こういうことばかりをやっている人たちも、みんな地獄に行く人たちですけれども、このような教祖をやっている人たちもみんな地獄に行きます。こうしてサタンの原因になるのです。彼らもまた、サタンになっていく。

サタンになっている、要するに悪魔といわれるものになっている人の多くは、こうした、地上にいたときに宗教の指導者をやっていた人です。これは、数としてはいちばん多いのです。それ以外には、政治、軍事、あるいはいろいろな経営等でリーダーシップを取っていて、そして非常に間違ったことをやった方です。指導力がなまじあって、念力も非常に強いような方、こういう方が、死んだあと、悪魔といわれる、そういうサタンの世界に入っていきます。

こういう人は、力がある分だけ多くの人に影響を与えますから、普通の人が二百年、三百年で反省が終わるところでも済まないのです。千年、二千年と、その地獄のなかで、手下を使い、新しく地獄に来た人たちを自分の指揮命令下に置いて、いろいろな悪いことをやっています。まあ、〝人間として最後の姿〟であると言ってもよいでしょう。それでも、彼らをなくさないで待っておられる神の愛がそこにあるわけですけれども、〝人間としては最後に近い姿〟であるでしょう。

こうした、悪霊よりももっと強力な悪魔、魔王、サタンとか、こういうふうに呼ばれているものと接触(せっしょく)を持っている方もそうとういます。長く何年も宗教遍歴(へんれき)をした方は、ほとんど、必ずこういうものとの道がついています。道がついてきていますから、これから逃(のが)れるのはまた大変なことであります。

もちろん、王道は、先ほどからも言っていますように、真理そのものを学び、そして自分の心を変えていく。書籍(しょせき)を読み、CDを聴(き)き、また各種のセミナー、講習会等に出まして、自分自身の勉強を重ねて、そして自分を変えていくというのが、これが万人(ばんにん)に共通する王道であります。

心の世界は「波長(はちょう)の世界」といいまして、同じ波長のもの同士が同通する世界です。自分自身が高級霊の波動に同通していれば、低級霊というのはかかってこないのです。ところが、自分自身が低級霊界のほうに、心が、波動が向いていると、同じようなものが来る。憑依するものとされるもの、招くものと招かれるものは、心の性質がほとんど同じなのです。だから、「そうした悪霊とか、もっときついサタンとかいうものが来ているような人というのは、心のなかに、もうそういう傾向が出始めている。これは、そのままにしておくと大変なことになりますよ」ということです。

憑依した悪霊をどのように撃退すればよいか

根本は、そういう勉強・学習によってやっていくのが根本ですが、あえて悪魔祓いをするとしたら、どうでしょうか。沖縄では（そういうものが）多いようですから あえてお教えをするならば、これは、〝日本版エクソシスト〟ですけれども、方法はあります。

経文としては、一つには、先ほど申し上げました『祈願文』のなかに「悪霊撃退の祈り」がございます。これが悪霊撃退用の祈願文で、使い道は非常にあります。

非常に強度の憑依で、五体、六体もの憑依を受けていたり、あるいは強烈な宗教霊のようなものに嫌がらせをされたりしたとき、あるいはいろいろと悪いことばかり起きるというような場合は、これはそうとうなものが来ていますので、これを切らなければならなくなります。

この切る方法は、一つには儀式をやる方法もございます。これは、まだ私はお教えしたことはございませんので、沖縄初公開になります。

今、百冊ぐらい本が出ていますけれども（説法当時。二〇二一年十月現在、二千九百冊以上発刊）、この本を揃えたら、これで部屋のなかに円陣を組むのです。円陣を組む部屋というのは、畳か絨毯のような部屋がよいでしょう。そして、できれば閑静な部屋がよいと思いますが、自分が中心のなかに座って、そして自分の周りに円形の空間をつくって、その周りに私の本を円形に並べていくのです。そして「結界」というものをつくっていきます。

こうして、円形、サークルを一重、二重、三重とつくっていきます。そして、自分の真正面に置いておくのは、通常であれば当会の基本書ですから、『太陽の法』や『仏陀再誕』、あるいは『真説・八正道』等、こういうものを前に置くのが本道です。

こうして結界を築きまして、最初は私の講演CDを、部屋のなかでそのなかに座って一時間ぐらい聴きます。そして終わったあと、会員であれば『正心法語』を読んでいただきたい。あるいは「悪霊撃退の祈り」を読んでいただきたい。

もし、そうとう強度な悪霊、サタンにやられていて、自分一人で無理ならば、結界を築いて、可能であれば幸福の科学の会員四人ぐらいに来ていただきまして、前、後ろ、左右に、自分のほうに向かって座っていただきます。四方から座っていただいて、ここで『正心法語』を読んでもらう。

これをしますと、絶対に逃げ出します。絶対に逃げ出し

『真説・八正道』（幸福の科学出版刊）

て、憑いていられないのです。これがいちばんこたえるやり方なのです。これを結界といいますけれども、これをやりますと、日本版のエクソシストの出来上がりであります。まず、これでいられるサタンはいないのです。ここまでやれば、まず出ていきます。だから、よほどすごい霊現象が起きている場合には、そこまで実行したら取れます。

そして、反省とか瞑想とかいろいろありますけれども、「自分一人でしていても、いろいろと悪霊の障りがあって、どうもできない。精神統一がどうもできないし、悪いことが思い浮かぶ。体が揺れたりする」、こういうことが続くような人であれば、やはり個人でやる場合には、今言ったように、まず書籍で結界をつくって、そのなかに入り、しばらくCDをかけたあとで、反省なら反省に入る。また、瞑想であれば瞑想に入る。『瞑想の極意』という本があります。反省なら『真説・八正道』という本があります。こういうものをやる。祈りであれば『愛から

『瞑想の極意』（幸福の科学出版刊）

祈りへ』という本がございます。そうしたなかにおいて、反省とか瞑想とか祈りをやりますと、非常によく効くのです。

私の本というのは、今言ったように、霊視をしたら金色に光っていますが、霊たちが見ますと、みんな霊視はできるわけですから、金色に見えるのです。だから、本を積み上げてありますと、これは、本当に仏壇や仏像のように見えますし、下に置いてあっても金色に見えるので、今言ったサークルをつくると、金色の輪のなかに座っているかたちになります。ちょうど、「耳なし芳一」に手が出なかった悪霊ではありませんけれども、そういうかたちになります。だから、真理の書籍をたくさん持っておられることは非常に大事なことです。

このように書籍で結界を築く方法を、修法「光のドーム」といいます。なお、この修法を何度か続けて行う場合には、必ず、すでにある結界をいったん崩し、新たな結界を築いてから行ってください。これが注意点です。

『愛から祈りへ』(幸福の科学出版刊)

　また、悪霊等が常に来て夜眠れない不眠症の方は、私の本を枕の下に入れてお休みになるのがよいと思います。そういうふうにすると、そこから光が出ていますので、頭の周りに憑依しているものがだんだん憑いていられなくなって、取れていくようになります。また、寝られる前にＣＤをかけながら寝るということも非常に大事です。

　こうした方法で、悪霊の撃退というのは、かなりの可能性で可能になってまいります（注）。

　いずれにしても、単なる悪魔祓いではなく、いかに、そのやろうとしている人の心のなかに真理が染み渡っているか、理解が進んでいるかによって、効果は大きく違います。知れば知るほどに力が増してくることになってまいりますので、よく勉強をしますと、自分でそういう力を受けることができるようになりますし、『正心法語』などを読んでいても、上からパーッと光が入って光の柱みたいなものが立ってくるのです。それは、霊能者でも何でもない普通の会員でもそうです。読んでいますと、光がパーッと降りてきて後光が出ています。そういうふうになってきて、自分を救うことができるようになります。

あと、もちろん、護身用に言いますと、そうした『正心法語』とか『祈願文』みたいなものをいつも持って歩くということも大事なことでありましょう。

（注）現在、幸福の科学では、全国の精舎や支部で、悪霊撃退を祈念する各種祈願を執り行っている。なお、悪霊撃退に関する経典は、『現代のエクソシスト』（宗教法人幸福の科学刊）や、『悪魔の嫌うこと』『真のエクソシスト』（共に幸福の科学出版刊）等があり、楽曲は「THE EXORCISM――不成仏霊撃退祈願曲――」（作曲 大川隆法、発売・販売 幸福の科学出版）がある。

5　一人ひとりの幸福の光を集めて「愛の大河」へ

なぜ真理の光を広げていくことが大事なのか

沖縄ゆえに特殊な話をいたしましたけれども、みなさまがた、やはり、私が言っているのは、もう変な霊能者回り等をやめていただきたいということです。

おかしな霊能者のところへ行って拝んでもらっていますと、そこに集まっている宗教霊をもらって帰るのです。そうした悪霊をもらって帰って、お金を払ってくるのです。こんなバカな話は絶対にありません。お金を頂かなければいけないのです。お金を払って、悪霊をもらって帰るのです。こんな方がいっぱいいるのです。沖縄は、山のようにいます。こんな人ばかりです、ほとんど。こういうことばかりをしているのです。それで、もちろん、悪霊をもらってその苦しみを自分も味わって、苦しみを分け合っているのかもしれないけれども、これは本道では決してありません。

まず己の心を正すところから始めてください。学習することから始めてください。そして、自分が学びによって得た悟りで、自分をそうした悪霊とか、そういうものから護ることができるようになった力は、これはずっと続いていくものです。一生続いていくものですし、この力を持った人が、次に、今度は迷っている人を救えるようになってくるのです。自分がそうした悪霊等を離して、そして光を出せるようになった、そういう心のコントロールができるようになった方が、次に、今度は他の人を救うことができるようになってくるわけです。

この意味において、沖縄で今非常にやっているところの伝道というのは大事なことであるのです。まず書籍の伝道から入っていましょうけれども、この光の書物が渡っていくということは大事なことなのです。まずこれが一つの家に一冊入ってくるということは、これは金色の楔が一本打ち込まれたのと一緒なのです。これが一本打ち込まれたのと一緒です。これで足がかりができるのです。これで守護霊・指導霊の世界に通じる足がかりができるようになっていきます。

だから、そういう縁を持つことは非常に大事なことです。そこは、遠慮する必要はありません。宗教王国である沖縄であるならば、遠慮することはありません。本当に、まず真理の書物を持っていただくこと、[illegible]置いていただくことから始まっていいのです。その次にそれを勉強していただければ、もっといいことは言うまでもありません。そして勉強[illegible]ば、さらに効果が出てまいります。

光を広げるということは、

これは本当の意味において、生きている人間と、

それから地上を去った人間を救うために、

どうしても必要なことであるのです。

どうか、二十数万の死者を出した沖縄であれば、

そして亡くなっていった方々の、
その姿がまだ目のうちに焼きついているみなさまがたであったならば、
私の言葉をよく聴いていただきたいのです。

そうした人たちを救うのは、まず、あなたがたが救われてからだ。
そして、両方を救っていく道がある。
それが、生きているうちに真理の学びに入ることだ。
そして真理の学びに入ったならば、
その喜びを、幸福を、自分だけのものとしてはならない。
他の不幸に迷っている人たちにも、
そうした救いの手は差し伸べなければならない。

惜福（せきふく）・分福（ぶんぷく）・植福（しょくふく）によって幸福を増産し、ユートピアを広げていこう

幸福というものは、自分一人のものにしてしまうと、腐（くさ）って死んでいくのです。そんなものなのです。食べようと思っていっぱい食べ物を持っていても、長い間置いておくと腐っていくように、幸福というものは、自分だけが幸福になってそれで終わったら駄目（だめ）なのです。

自分が幸福になりましたら、その幸福をまず惜（お）しむことが大事です。「こんな幸福を頂いたということは、本当にありがたいことだ」と。うぬぼれるのではなくて、「自分に力があるから、こうなったんだ」「自分が偉（えら）いから、こうなったんだ」、こういうふうにうぬぼれるのではなくて、「こんな幸福を頂いたということは非常にありがたいことです。自分のように修行（しゅぎょう）が十分でない者にも、こんな幸福が与（あた）えられたということはありがたいことです」と謙虚（けんきょ）に受け止める。これは「惜福（せきふく）」です。福を惜しむということ。

そして、その幸福を他の人に分けてあげる。これは「分福（ぶんぷく）」です。福を分けてあげる。

さらに、「植福（しょくふく）」、福を植えるというのがあります。将来のために福を植えていく。それは、今はまだその途次（とじ）にない方、まだそういう状態にない方のためにも、将来のためにも、何か自分のできることを今のうちからやっておくということにもなりましょう。

例えば、お子様がたの教育などでもそうでしょう。将来のために真理を教えてあげるということも、立派な植福、福を植えるということになるでしょう。将来、多くの人々を幸福にしていく、そうした小さな光の戦士を家庭のなかでつくっていく、これも大事なことです。

また、真理とは直接かかわりがなくとも、他のいろいろな場面において、できるだけ正しい心に人々を導いていくために、何らかの心尽（こころづ）くしをする。自分の思いを何らかのかたちで社会のなかに反映していく。仕事のなか、あるいは仕事以外のいろいろなところで、その真理の思いを何らかのかたちで表していく。こうしたことも植福になるでしょう。将来、素晴らしい社会ができていくための植福になるでしょう。素晴らしい人が出てくるための植福になるでしょう。

そのように、幸福というものは、周りの人に分け与え、そして将来のために投資していかないと、死んでしまうものになっていくのです。

みなさまがたは、今日、光を受けられました。

この光を自分一人のものとしてはなりません。

必ず他の方に分け与え、そして将来、さらに大きな光になるように、大切に護り育てていくことが大事なのです。

一人ひとりが、このように、惜福・分福・植福という、「福」を大切にする、「光」という名の幸福を大切にするということをやってこそ、光の粒子は増えていきます。

ちょうど河の水の流れが、幾つかの水滴が集まって、
だんだん大きくなっていくように、
光もまた、その粒子が集まって大きな流れとなっていきます。

愛の大河をつくっていくためには、
みなさまがた一人ひとりが、
そのような光の生産をしていく必要があります。
光を増やしていく必要があります。
幸福を増産させていく必要があります。
そして初めて、いろいろな地で、日本各地で、世界で、
人々の間に笑顔が広がり、希望が広がり、また喜びが広がり、
新たなユートピアの夢が広がっていくのです。

「押し寄せる愛の大河」とは、
もちろん、永遠に近い昔から始まっているところの神の愛の思い、
愛の本流そのものでありますけれども、
そのなかに流れているところの、光の一粒であるところの私たちは私たちとして、
さらにこの光の大河を巨大なものとしていくために、
最大なるものとしていくために、
最強なるものとしていくために、
最高なるものとしていくために、
力を尽くしていかねばならないのです。
どうか、この意味をよくよく理解され、
みなさまがた、今後の精進に役立ててください。
ありがとうございました。

第4章 未来への聖戦

一九九〇年十二月九日　説法
大阪府・インテックス大阪にて

1　時代の端境期に世界の人々が求める正義とは

日本と世界で大きく異なる「正義」という言葉の内容

今年は、四月に続きまして、関西では二回目の講演であります。

前回、四月には、「限りなく優しくあれ」という題で、もうすでに単行本ともなっています講演をいたしました（『大川隆法　初期重要講演集　ベストセレクション④』所収）。

そして、今回は、おそらくはその〝逆〟になるであろうと思われる演題を立ててみました。

「未来への聖戦」と掲げてありますけれども、今日、私が主として言わんとすることは、私たちの真理を学んでお

『大川隆法　初期重要講演集　ベストセレクション④』（幸福の科学出版刊）

られる方であればご存じの、神の七色光線のなかのいわゆる赤色光線に属する話になろうかと思います。これは、政治・軍事等にかかわる指導力の系統の光線であります。

したがって、通常、私が話しているところの黄金色の「法の光線」の話とは若干ニュアンスを異にするかもしれませんが、そういう立場での話であるということを前置きしておきたいというふうに思います。

今、世界を見渡してみますと、大きく時代が変わろうとしている、まさしくその端境期にあるということを強く感じます。この大きな時代の流れとも言うべきものは、私たち一人ひとりの個人の現在の生活を維持したいという願いからは離れて、私たちの両足が立っているところの、その大きな地盤そのものが動いていくという、そういう大きな流れがあるわけです。このなかで、個人として私たちが求めねばならないものは、はたして何なのか。それは、単なる平和の時期とは大きく違ってきます。

何も問題がなければ、平然と悠然と暮らしていくこと自体はそう難しいことではないでしょう。

されど、私たちが住んでいるところの、この世界が変わろうとしていくときに、そのなかで従来どおりに生きていくことは非常に困難であろうと思います。

いや、今までと同じ心境を維持していくためには、私たちは、もっともっと強固な信念を持ち、力強い生き方をしていかねばならないでしょう。それは、どのような嵐に出遭ったとしても決して方向を失わない、あの磁石の針のようなものでなければならないでありましょう。

しかし、翻って考えてみるに、はたして、みなさまがたには、それほどはっきりと、あの磁石が北を指すように、どのような環境に置かれても、「こちらの方向が正しい、神に向いた方向である」ということがお分かりでしょうか。それを困難としているのは、ほかならない、私たちが通常「正義」という名で呼んでいるものの中身が変わっていくときであります。

私たちは、その内容を深く考えることなく正義という言葉を使います。いや、それを聞いてきました。あなたがたも聞いてこられたでしょう。

ただ、今、この地球時代の今、世界で使われているところの「正義」という言葉は、残念ながら、みなさまがたの大多数、日本人の大多数が思っている正義とは違うのです。

世界の多数の人々の心は、「神のお心がどこにあるかという意味での正義」を求めています。

しかし、日本人の正義はそうではありません。人間がつくったものの正義であります。人間がつくった制度のなかの正義であり、人間がつくった憲法や法律の枠組(わくぐ)みのなかの正義であります。

ここに大きな隔(へだ)たりがあるということを知っていないと、私たちは「現代」という時代に生きておりながら、世界の流れを読み違えることになります。

全世界の人々が、多数の人々が、今求め、探しているのは、「神の正義」なのです。それを私たちは知らなくてはなりません。

時間の流れのなかで判断される「新しい秩序をつくるための正義」

通常、「正義」という名で呼ばれているものは、秩序の維持を目的とするものです。神の創られた世界のなかで、人間をはじめ、万象万物がその生命を維持していくためには、調和ある秩序というものが必要とされます。ゆえに、通常の場合には、秩序を維持するための考え方と行動とが正義と見なされます。

そして、秩序を破壊しようとする動きに対して、説得力を含めたところの、さまざまな強制力が働き、混乱から秩序を回復しようとする動きがあります。これを通常、正義と呼んでいます。

国内では、例えば、さまざまな暴力や犯罪から、警察がその実力を行使して治安を守っていることにも相当いたしましょうか。この「秩序回復」「秩序維持」というのが、通常の場合の正義であります。

しかし、世界が混乱するときは、こういう場合ではありません。正義には、もう一つの大きな側面があります。「新しい秩序の創造」という名の正義が出てくることがあるのです。

この場合、私たち人間の目には、「秩序を守ろうとする正義」と「新しい秩序をつくろうとする正義」がぶつかり合っている姿が、その目に見え、どちらが真実であるか分からないままに、時代の波間で翻弄（ほんろう）されることになります。

この新秩序創造のための正義は、結局のところ、時間の流れのなかでその存在が証明されていくことになります。新しい秩序をつくったことが、「それが多くの人々を幸福にしえたかどうか」という結果で判断されてくるようになります。

日本において、あの明治維新が百年以上たってもまだ肯定（こうてい）されている理由は、その明治維新で成し遂（と）げられた事業によって、その後、日本が発展したからであり、それが決して逆戻（ぎゃくもど）りの方向には動かなかったからであります。ゆえに、それはすなわち、百年前に、「幕府」といわれた秩序が壊（こわ）されたときに、それを壊す方向に回った人たちの方向に神の正義があったと言われるゆえんであります（注1）。ところが、世界を見ますと、必ずしもそうなっているわけではありません。私たちは、これを知らねばなりません。

同じようなことは、イランという国でもありました。

パーレビ王朝が政権を握（にぎ）っていたときに、アメリカのほうからさまざまな援助（えんじょ）をなして、イランの近代化を図（はか）ろうとしてきました。

しかし、その近代化があまりにも進みすぎたがために、イスラム教徒たちの文化を維持することができず、ホメイニという人が出て、「ホメイニ革命」というものが起きました。これは古い時代への復古です。復古運動が起きました。イランでは、日本の明治維新のようにはならなかったわけです。

また、同じようなことはいくらでもあります。

今、問われているのは、今から七十年余り前に起きたところの、あのソビエトの地での「ロシア革命」とはいったい何であったのか、これが問われているわけです。

七十年の壮大な文明実験の結果、残ったものはいったい何であったのか。これが問われているわけです。

中国にも同じことが言えましょう。従来の政府が台湾に移り、そして毛沢東下、革命で、「共産主義政権」が成立いたしましたけれども、その体制自体がはたして善であったのか、悪であったのか。善をこの世に実現することが正義であるとするならば、それははたして正義であったのか、悪であったのか。こうしたことが、歴史のなかで、今、問いかけられております。

逆もあります。今から二十年以上も昔、アメリカが南ベトナムに介入し、そしてベトナム戦争が起きたときに、アメリカのなした行為ははたして正義であったのか、そうでなかったのか。これはまだ問われていません。議論は、その結論が出ていません。それは、敗北の起きた国がまた世界最大の強国でもあるからです。だから、結論が出せないでおります。

しかし、そのベトナムでは二百万人の人が亡くなりました。いったい、その死は何であったのだろうか。はたして、いったい何であったのだろうか。

その当時、流行していた理論は「ドミノ理論」という理論であって、「世界のどこかで共産主義が自由主義のほうを倒して、そして勝利を収めると、隣接する国々が将棋倒しのように共産化して世界各地へ波及し、自由主義社会は危機に陥る。だから、その最初の土手が崩れるのを防がねばならん」ということでもってベトナムへの介入は行われたのです。

その結果、二百万人の命が奪われ、結局は北ベトナムの解放戦線のほうが勝利して、社会主義下において統一をされたままになっているわけです。

この場合、「正義」とはいったい何であったのだろうか。

翻って、その流れを見ながら、さらにさらに深い深い歴史の探究のなかに入っていきますと、今から二千数百年前、中国では初めて、あの大国土が秦の始皇帝によって統一されました。その評判は別として、法家思想に裏付けられた初めての法治国家です。

しかし、始皇帝没後十年、国は乱れ、そして覇を争う者が各地に跋扈し、最後はみなさんご存じのとおり、項羽と劉邦という二大英雄の対決となり、百戦百勝の項羽が最後の一戦で劉邦に敗れて、ここに漢帝国というものが起きました。

今も中国では、その項羽という人の最期を惜しむ声が強いわけですが、このときに、はたして正義はどちらの側にあったのか。その時代の半ばにあった者にとっては、それはとうてい分からないことかもしれません。

あるいは、日本では戦国時代のころの、あの織田信長の働きはいったい何であったのだろうか。あれをどう見るか。

戦争時に戦った人たちはみな地獄に行くのか

こうしたことを私たちはさまざまに考えていくときに、「どうやら、新しい秩序というものが形成されるときには、通常の人間が生活しているなかでの正しさとは違ったものがある」ということを知るようになります。

普通の生活をしていて、例えば刃物を持って街行く人を傷つけ、死に至らしめるとしたならば、九十九パーセント、その人間は地獄という所に行くことになります。ところが、戦争というものが起きたときに、「では、兵士として戦に出て、そして戦った人たちはみんな地獄に行くか」といえば、必ずしもそうはならないのです。

なぜ、そうならないか。

そこに、平和時の小さな正義と、もっと大きな正義とが現れてくるのです。

そして、小さな正義は、大きな正義のために殉ずるときに、一見、敗北したようには見えますが、その結果、大いなる幸福というものが現れたときに善悪は超えられるという、そういう法則があります。

中東では、今、イラクと、アメリカをはじめとする多国籍軍が睨み合っています（説法当時）。さまざまな解説がなされています。みなさまもさまざまに考えておられるでしょう。

アメリカ側の論理としては、結局、「泥棒が他人の家に押し入って泥棒をしようとして、警官隊が来たら、家のなかの人を人質に取ってしまった」、こういう状況に今あると見ているわけであり、「その強盗を捕まえねばならない」という考え方を持っているわけです。そして、世界の多数は、その流れに同調する方向で動いております。

しかし、もう一つ大きな目で見ますと、一五〇〇年代から後の、世界の帝国主義的な拡張路線のなかで、ヨーロッパの列強たちは次々と植民地をつくってまいりました。植民地支配をやってまいりました。今、グアムもハワイもアメリカの支配下にあります。これはなぜなのか、論理的に説明できる人はたぶんいないでしょう。

これは戦争に勝ったからです。そういうことです。そういうことを、列強はずっとやってきました。

「それが善であるのか、悪であるのか」はその時点では分からないが、結果論として、「そうした進出がその国の人たちを幸福にしたときには善とされる、是とされる」という傾向があったことはあるでしょうし、そうでなかった場合には、激しい抵抗運動が起き、独立運動が各地で起きて、血を流すことになってまいりました。今まさしく、歴史の歯車が動こうとしているわけであります。

みなさまがたは、では、なぜイラクという国がクウェート侵攻を企てたか、その理由がお分かりでしょうか。幾つかの理由がもちろんございますけれども、まず、この中東という地方の非常に特殊な事情というものを、私たちは知らねばなりません。

ここは〝血塗られた〟地方であって、これからますます血を呼ぶことになっている地方でもありますけれども、ここに今、大きな霊的なる渦巻きが起きています。時代を変えていこうとする大いなる意志が働いてきています。

過去の古いイスラム圏の文化を、今、根こそぎ変えていこうとする天上界の意図があります。今、その端境期に入ってまいりました。

結局、私たちがテレビを観て感じているところの善悪とは違ったものが、今、動き始めている。世界史の舞台が、今、変わっていこうとしている。

新しい文明からの「挑戦」に古い文明が「応戦」するという歴史の法則

そして、今、目の前に見えているものは、あの歴史家のトインビーという人が言ったとおり、一つの古い文明が新しい文明の興隆によって挑戦を受けている姿であるわけです。

文明の盛衰は、「挑戦」と「応戦」によって成し遂げられており、古い文明は新しい文明の挑戦を受けます。古い文明は、その挑戦を受けて立ち、粉砕したときのみ生き残ることができますが、それに成功しなかった場合には滅びていくことになっています。この「挑戦」と「応戦」という考え方が歴史の発展の法則の一つであります。

今、この半世紀、世界の覇権を持っていたアメリカという国が没落していくシナリオの第一ページを、私たちは見ていることになります。

今、世界のGNP（国民総生産）の二十五パーセントはアメリカが持っています。

十五パーセントは日本が持っています。その四十パーセントが、この二国で支配されています。

イラクという国のGNPは小さいものです。しかし、その軍事に占める比率は、三十数パーセント、三分の一からあるいは四割近いお金を軍事に回しております。軍事力としては世界の四番目から五番目に相当いたします。

ここで今起きようとしていることは、長期的に見ますと、アメリカという国が衰退していくシナリオが描かれてきているのです。

ここ数年という短期的な目で見ますと、国連軍を中心にして、世界の秩序維持という正義の下に結束して動いているわけです。数年の間の短期的な正義はアメリカのほうにあります。

しかし、二十年から三十年ぐらいかけた長期的な目で見ますと、アメリカの衰退ははっきりしていて、この中東に一つの〝巨大パワー〟が生まれてくることになっているのです。このアラビア半島に〝スーパーパワー〟が出てくるのです。その力は、おそらくこのアラビア半島を統一していくことになっていくでしょう。

そして、統一してどうなるのか。すなわち、近代化に乗り遅(おく)れたこのアラブ諸国の統一を成し遂げたあとに、ここで生まれるところの新しい文明が、発展途上(とじょう)にあって呻吟(しんぎん)しているところのアフリカ諸国を助けるという大きな計画があるのです。

その流れのなかにあって、今、「古い文明」と「新しい文明」が挑戦と応戦のさなかにあるわけです。

そのなかにあって、日本という国はどういう立場を取ったらいいのか。これに、政治的には非常に困っているというところでしょうか。これは情けないと言えば情けない状況でありますけれども、結果的には、この中途半端な立場が日本を有利にすることになるでしょう。

そして、今、世界が動いていくなかで、私たちが目指しているものは、もちろん軍事色一色の世界観ではありません。ここ数年、あるいは十年、二十年の間に戦乱が起きるということは、もうこれは、ほぼ避(さ)けられない。どういうかたちで、どこに、どの程度の規模で起きるかということは、これは定かではありません。

ただ、大きな歴史の流れのなかで見たときに、文明の端境期に当たっていて、ヨーロッパ文明という一つの西洋文明が、東から出る「日本を中心とする新しいアジア文明」と、西のほうを中心として「西南アジアを中心として新たに興ってくる文明」と、この二つの文明の挑戦を受けて、そして衰退していくという大きなシナリオははっきりしております。

そのなかで、どのように世界が動いていくか。これは、その将棋を指すことを任されている人間たちの仕事にもかかっているわけなのです。

ヨーロッパ統一の失敗やイギリスの脱落、ソビエト連邦崩壊の見通し

翻って、それ以外の他の地域についても述べておくとするならば、一九九二年にはＥＣ（現・ＥＵ）の統一ということ、ヨーロッパが、通貨も、国境も、経済、政治、すべてを一元化して、統一国家的にしようとする動きがございます。これは、

もうあと二年足らずですから、秒読み段階に入ったと言ってもよいかもしれませんけれども、このＥＣの統合は失敗します。必ず失敗します。

まず、脱落はイギリスから始まるでしょう（注2）。イギリスという国は、このＥＣの通貨的な統一、また政治的な統一に反対したサッチャーを退けました。この趨勢自体をいかんともしがたいが、サッチャーの霊的な直観自体は当たっています。このＥＣ統合のなかに呑み込まれますと、イギリスは確実に衰退するのです。もう、はっきりしているのです。

そして、次に衰退するところはどこであるかということですが、これはフランスなのです。実際、フランスは、自分ではそうは思っていないのです。「自分は、このヨーロッパ統一体のなかでイニシアチブを取っていける」と密かに思っているわけなのですけれども、これは実際には失敗します。

そして、歴史の趨勢は、ドイツを中心として動いていくことになるわけですけれども、ドイツが強くなったときは「ヨーロッパの危機」になります。これは過去すべてそうなっています。ドイツが強くなったときは、ヨーロッパの均衡が破れ、危機になる時期であります。

また、東ヨーロッパ等も、そう簡単に再建できる経済ではありませんし、これもまた、ドイツ一国の経済的優位によってはとうてい救えない状況にあります。

さらに悪いことには、あのソ連（当時）という国ですけれども、数十年続いた冷戦、これの敗北の結果、食料にも窮する現状になっていることは、みなさんもご存じのとおりです。

宇宙に飛行船を飛ばせる国が食料に事欠くようなありさまです。それは、まことに私たちの目には不思議には見えるけれども、敗戦後だと考えればお分かりになるでしょう。日本の第二次大戦後、食料が配給制になっていたようなものです。戦争中もそうですけれども、そうした戦後とまったく同じ状況に今なっているわけで、このままの見通しでいきますと、ソビエト連邦というのは確実に分裂国家になるシナリオになっています。

今のままであったら国家が分裂します。必ず分裂してきます。バルトの三国もそうですけれども、中央アジアの辺、それからシベリア辺、このあたりが全部、分離独立の動きを示してきます。

一元支配ができないのです。共産主義というものが崩れ去ったあと、この多民族国家をまとめることができないのです（本講演の一年後、この予言は的中した）。

みなさんは、そのあとに来るものはいったい何だとお思いでしょうか。このあとに来るものは、人間の持ついちばん醜いものが現れてくるのです。

お金なく、食料なく、軍事力のみ持っている人間が何をするか、みなさんがたは分かりますか。経済力なく、食べるものなく、復興の見通しなく、軍事力だけがある。そんな人々が、いったい何をすると思いますか。それは推測に難くないことでありましょう。その武器を、「お金」に、「食料」に換えるという動きをするのが歴史の常であります。

現代のイスラエルとアラブ諸国の対立のもとにあるものとは

イラクもそうです。GNPの三十数パーセントもの軍事費を使っていたら、食べていけるわけがありません。

その軍事費は、軍隊そのものとして、武器そのものとして持っていたら何らの価値を生まないのです。これが価値を生むのは、唯一、こうした武力でもって他の経済的なるものを奪い取ったときです。

だから、イラクはクウェートに入ったのです。四割近い軍事費を維持できません。それを維持するためには、どうするか。ほかの国を取っていく以外に道はないのです。そして、つじつまが合います。経済原則のつじつまが合うわけです。

ですから、今、フセインが考えていることは、クウェートの併合などという小さなことではありません。それはあくまでも経済を強くするための第一歩であって、彼が考えていることは、次に対イスラエル包囲網をアラブのなかでつくることであります。「対イスラエルの包囲網」をアラブのなかにつくって、アラブの共同体をつくってイスラエルを潰すということを、彼は考えています（本講演の一カ月後、湾岸戦争が勃発し、イラクはイスラエルに向けてミサイルを発射した）。

このイスラエルの国とアラブ諸国は、その宗旨において実は両立しないのです。

イスラエルは、『旧約聖書』からの預言によって出来上がっている国です。かつてアブラハムの時代に建国された国家ですけれども、その後、飢饉等が襲って、食べていくことができなくなって、エジプトの地に逃れました。しかし、エジプトの地で今度は奴隷階級に落とされてしまいました。

そして、ラムセス二世下のとき――、今から三千年余り前です、このときに、奴隷階級に落とされたイスラエルの民たちが、モーセの指導の下にエジプトの地を逃げ出したわけです。そして、もとなる本来の国家に戻ろうとして、イスラエルに帰ってきたわけです。

その途中、「神」という名でも呼ばれていたイスラエルの高級神霊、民族神たちはどういうことを言ったかというと、現在のイスラエルがあるところについて、「このカナンの地は、もともとおまえたちに約束された地であるのだ。神から約束された地であるのだから、そこへ帰って国を建ててよい」ということを、旧約の預言のなかでちゃんと言われているわけです。

そして、モーセは、数十万人の人々を率いて帰ってきましたが、最後まで辿り着くことはできなくて途中で没しました。そのあと、ヨシュアを中心に、イスラエルの民を率いて、そして今のアラブの国、こういう諸国を攻め滅ぼして土地を取って、そこに建国をしたわけなのです。

この事実から言って、イスラエルというところは、その宗教から言って、アラブの土地、アラブの人というものに対しては、これは全然別のものとして一線を画しているのです。

彼らは、「神によって約束されているのは、私たちであるのだ。イスラエルの民であるのだ。イスラエルが国をつくり、そして生活し、神の国を維持していくために、アラブの領地を取り、戦争によってアラブの人を殺すということは、神が容認されている」と考えているのです。

だから、アラブの側からいくと、イスラエルという国があり続けるかぎり、自分たちの生命の安全はないのです。

こうした大きな憎しみが両民族にあるからこそ、この火種は消えることがないのであり、「どちらが勝つか」まで、結局行くことになるのです。これが、アラブの諸国が今考えているところです。

（注1）明治維新によって日本は近代化したが、その一方で、西欧諸国にならって宗教を一神教的なものにしようとして国家神道を立てたために、廃仏毀釈により数多くの寺社や仏像等が破壊されるなど、仏教や他宗の弾圧がなされた面もある（『政治に勇気を』〔幸福の科学出版刊〕等参照）。

（注2）二〇二〇年、本講演のとおり、イギリスはＥＵから離脱した。

2 混沌とする世界で日本が果たすべき使命とは

アメリカが衰退したときに「世界の飢え」を誰が救うのか

このように、世界というものは非常に複雑な諸国民の論理に基づいて動いています。それを、私たちは日本人的なる「日本教」とでも言えるような単純な論理だけで推し量ってはなりません。

それぞれの民族に、国家に長い歴史があり、彼らの考え方があります。「その考え方から言えば、どういう行動を取るのか」「どういうことが、彼らにとって正義と見られているのか」ということを知らねばなりません。そこに複数の正義がぶつかることもあります。

そのときに、私たちが見抜いていかねばならないことは、「次なる時代において正義と見なされるほうを選択していかねばならなくなる」ということであるのです。その時点では分からない。どちらに賭けるべきか分からないけれども、その時間の流れのなかで、「どちらの選択を取ったほうが、結局より多くの人々の幸福につながったか」というところに、すべてが収斂していくことになります。

この考え方からまいりますと、日本という国がこれから果たさねばならない使命というものは、かなり重いものになってまいります。その重さはいかほどかというと、世界には百数十カ国ございますが、この大部分がこれから飢えていくわけです。戦争によって、飢饉によって、天変地異によって飢えていきますが、こうした飢えた国家は、放置しておきますと、お互いに共食いを始めるのです、必ず。これが各地で起きる戦乱です。これからは、隣の国を奪うぐらい平気でやるようになってきます。

それは、国家レベルであるからなかなか信じがたいけれども、一歩、国家から離れて、企業の世界を見てごらんなさい。今のアメリカなどで起きている企業の買収、

M&A、これは国家を乗っ取るのと結局一緒なのです。これなどは手っ取り早い経済なのです。乗っ取ってしまう。会社ごともらって、自分の会社に入れてしまうわけですから、これは国を併合していくのとまったく同じ論理なのです。変わりません。かつてのその会社の歴史や文化や、そんなものは関係ないのです。トータルで利益が出れば、会社を買収して併合してしまうわけですから、これは国の併合とまったく同じ論理なのです。

経済論理ではこれが行われていて、国のレベルではなぜ行われないかというと、国が大きな軍事力を伴っているから、そのリスクが大きすぎて、行動としては鈍っているだけでありますが、今言ったように、諸国民が飢えるような状況が出てきますと、これから、こんなことは日常茶飯事になってくる可能性があります。国家の分断、それから奪取、こんなことが行われてきます。

先ほど言ったソ連（当時）だってそうです。今度は、独立しようとする小さな共和国などが、さまざまな利害を持った国から狙われるようになってきます。それをソ連から取ろうとする動きが出てきます。他の新しい勢力によって、豊かなところが狙われる恐れが出てきます。

そして、現れてくるものは何か。世界の混沌であります。こうした段階のときにおいては、強力なリーダーが出てこないかぎり、まとめることはできないのです。「平和、平和」と言うが、平和というのは、何もしたくない、「厭戦」というだけの平和では済まない。そういう状態になってきたときには、それでは済まないのです。「平和を愛する」というのは、その平和の理念を具体化する行動を取らないかぎり、平和を愛することにはなっていきません。

したがって、今、日本に必要とされることは、「世界百数十カ国が飢えたときに、これを食べさせていけるかどうか」という考えが一つあります。

経済大国の日本は、彼らを援助し、彼らを育て、護っていくことができるかどうか。これは非常に大事です。

飢えれば、人は殺し合いを始めます。戦争を始めます。

しかし、日本の経済を見て、どうでしょうか。あのアフリカが、中東が、中国が、ソ連が飢えたときに、これを支えられましょうか。

一方のパートナーであるアメリカは、今、国家衰退の危機にあります。経済的には、もう完全に下降線に入っています。そして、もし、ブッシュ政権がこの中東において間違いを犯した場合には、アメリカという国家は、この十年ぐらいで完全にスーパーパワーから一列強国に落ちます。判断を間違ったら、必ずそうなります。そうなっていくことになります。

今、世界のＧＮＰの二十五パーセントを持っているアメリカの経済も、衰退を余儀なくされていく。救える国がなくなるのです。そのときに、どうするのか。

日本の経済は、今、世界の十五、六パーセントぐらいですけれども、私は、自信と政策が正しければ、これは三十パーセントから四十パーセントぐらいまで近づいていくだろうと思います。それが二十一世紀の初めの姿です。だいたい、ＧＮＰが世界の三十パーセントから四十パーセント近くに近づいていきます。四十パーセントぐらいがピークです。そのくらいまで、おそらく行くでしょう（実際は、宮澤首相と三重野日銀総裁、当時の大蔵省のバブル潰しで日本は長期低迷に入った）。

そのときに、そうした「世界を支えるだけの経済構想」、「全世界経済構想」を、はたしてつくれるか否か。

食べていけなくなれば、あり余る武力でもって侵略があちこちで起きます。これが一つです。

二十世紀最大の価値だった民主主義が〝報復〟を受ける時代が始まる

そして、もう一つ、どうしても重要だということは何かというと、戦争が起きるのは、今言ったように、「経済的に飢えることでもって攻めていかねばならん」ということもありますけれども、そのもっと根源的なる理由は、「お互いに理解することができない」ということ、「相互の理解ができない」ということが原因となっております。

理解できない原因は、文化に共通項がないことが多いからです。だから、理解できないのです。共通の言語を持たない、共通の文化を持たない、共通の行動様式を持たない。そこに「不信」が生まれ、相手の考えが理解できないところから「憎しみ」が生まれ、「争い」が生まれてきます。これも、戦争の大きな大きな原因の一つです。

これをなくしていくためには、人類共通の文化とでも言うべき価値基準というものが、どうしても必要になるのです。これをつくらないかぎり、キリスト教文化圏だけでは世界を包摂できない。それは二千年の歴史が証明しています。

確かに、今、西欧型の自由主義がかなり勝利したかに見えるようになってはいますが、その勝利したと見えるときが、これが〝没落へのスタート〟でもあります。

今、この二十世紀の五十二億の人々が生きているところで、共通する物差しなり、主義なり、主張なりが、もしあるとすれば、おそらくそれは「民主主義」という名で呼ばれているものでありましょう。

私たちが、「共産主義」とか「社会主義」とかいう名で呼んでいる国でも、建前は民主主義です。多くの人々の意見によってやるということを、いちおう建前として捉えています。民主主義というのは、「自由主義」と必ずしも一致しないのです。これは両方で取られている考え方なのです。

しかし、二十世紀最大の価値であるところのこの民主主義が、民主主義であるがゆえに〝報復〟を受ける時代がこれから始まります。それはなぜかといいますと、今、あまりにも多くの人間が地球上に住みすぎているのです。そして、それは膨張しつつあります。

中国は十一億人います。インドは八億人以上います。(当時)アフリカもそうという数います。数が増えています。

民主主義というのは、多くの数の意見を反映するという考えです。その民主主義というものが、実は民族の数の膨張そのものによって破壊されていくのです。

民主主義が成り立つ前提は、それを支えているところの諸国民が良識を持っているということが前提なのです。彼らに一定の自覚があるということ、教育水準があるということ、生活水準があって、多数の意見に従っていれば国が健全に経営されていくということが、その前提であるのです。それが、民主主義が正義であるところの前提なのです。

ところが、その大多数が、「数億、数十億という人が食べていけない。教育も受けられない」、そんな大多数になったら、いったいどうなるでしょうか。民主主義の前提が崩れていきます。それは、衆愚政に堕ちていくのです。必ず。そうなっていくのです。

衆愚政に堕ちていかない前提は、「目覚めたる市民がいる」ということです。目覚めたる市民がいるということで、そうでない場合には、優れたるリーダー、一握りでもいいから、国を立て直して人々を救ってくれるリーダーが出なければ、彼らは生き延びていくことはできません。今世紀最大の理念であるところの「民主主義」そのものが新しい挑戦を受け、そして揺らいでいくだろうと、私は思っています。

世界を救う「全地球的価値観」をいかにつくり浸透させるか

それでは、今、日本に住んでいるところの私たちの立場から言って、やらねばならんことは何であるか。

先ほど言った、「経済的な面で全世界を支えていく。世界を再建し、その飢えをなくしていく」という方向には莫大なる力が必要ですが、可能性はあります。私たちには可能性があります。

しかし、それには自覚が必要です。

自国の経済だけがうまくいけばいいという自覚ではなくて、「あの国も、あの国も、この国も飢えたときに、それを助けていけるか。戦乱になったときに助けていけるか。救っていけるか。それだけの力があるか」、ここまで考えた経済政策をつくっていかねばなりません。企業の論理だけではなく、国自体で、そうした使命感を持たねばなりません。

これが一つです。これは、比較的やりやすいことでありましょう。

もう一つは、儒教やキリスト教や仏教やイスラム教や、こんなものを超えた「全地球的な価値観」をつくり、これを浸透させるということです。世界に浸透させるということです。

この価値観が、この文化が共通の言語の代わりになるのです。

これをつくらんかぎり、どうしてもどうしても、世界は一つにはならないのです。

アメリカの側からは、「神の心に照らして、イラクらの動きは悪魔の動きである」と見ています。「神の側から見たら悪魔」と見ている。イラクの側は、「アメリカはサタンの代表だ」と見ている。両方、そう思っている。

そこにあるものは、いったい何であるか。「多様なるものを包摂する理念が欠けている」ということです。

「多様なる価値観」は現実にあります。個人にそれぞれの性格の違いがあるように、民族にも国家にも性格の違いがあります。

多様なるものは、それは本来よきものとしてつくられたものです。多様なるものが進歩、向上を目指して努力していくなかに、人類全体の向上がある。だから、「多様なる考え方」と「多様なる個性」が許されているのです。

しかし、それは、発展・向上を目指していくときにのみ許されていることであって、お互いを害し合い、傷つけ合い、堕落していくための多様性は許されないのです。そういうことは、神の想定している正義とは違ったものであるのです。

ゆえに、私たちは今、宗教や哲学や思想を超えて、

人類を一つにまとめるための理念を、

この日本という国を足場として、どうしても打ち立てねばならないのです。

目先の一年や二年、五年や十年、このくらい先に起きる小さな戦争は、

今、私たちの力ではどうすることもできません。

しかしながら、それが泥沼化し、人類が堕落していく方向から、
全世界を一つにして「新たな繁栄」をつくり出していく方向へと、
転換するための力となることは可能であると、私は思うのです。
そのためには、一見、迂遠で遠回りなようにも見えるけれども、
世界の多様なる価値観や、
歴史を超え、
文化を超え、
民族を超え、
言語を超えて、
唯一なる神の理念から降りているところの、
この多様性を説明し切り、
さらに、それを統合する努力こそが必要なのです。
これができるところは、全世界に幸福の科学以外に絶対にありません！

これ以外にないんです。
これのみが人類の希望なのです。

それ以外にも、もちろん、いいものは幾つもあるでしょう。
それは、私も認めます。
いい考えもあるでしょう。道徳もあるでしょう。そういう団体もあるでしょう。
それを、私は認める。
しかし、
彼らは、「今、この地球時代の人類を救う力」は持っていないということも、
私はまた認めるものであります。

今、世界を一つの価値観の下に統合できるのは、
幸福の科学のこの思想をおいて、ほかにありません。

われらは、すべての統合を目指しています。
すべての統合こそが、
すべての価値観を統合して共通の言語を築くこと、
共通の文化を築くこと、
これが、人々が多様なるままにお互いを理解し、
永遠の神に向かって向上していくための唯一の可能性であるのです。
私たちは、そうした大きな視野の下に、今、戦いを開始しているのです。

3　迷妄を突き破り、全世界に希望の光を届けよ

ささやかなる伝道活動は、四年目である今年を中心に起きてまいりました。そして、いよいよ来年の一九九一年からが本格的な大伝道期に入ります。

これは、一宗一派の利益のためにやっていることではないのです。私たちの、幸福の科学という団体だけの利益のためにやっていることではないのです。

それは、全世界の人類の暗闇の時代に、彼らを明るい世界へ、出口へ引っ張っていくことであり、未来への希望を提示することであるのです。この戦いは、百万人いようが、一千万人いようが、とうてい〝兵力〟が足りません。非常に大きなものであるのです。

私には、霊的にその無神論国家たちが潰れていく姿が視えます。ソ連や中国や他

の国が潰れていくのが、国家として破綻（はたん）していくのが目に視えます。

その先に、彼らはいったいどうするのでしょうか。どう生きていくのでしょうか。

あれだけの、十億、二十億の人が、あるいはそれ以上の人がいます。ヨーロッパにだっていっぱいいいます。彼らが方途（ほうと）なき世界に出たときに、いったい誰（だれ）が彼らを導くのでしょうか。

かつて、エジプトの地から、
数十万人のイスラエルの民（たみ）を、奴隷（どれい）となったイスラエルの民を、
カナンの地に導いたはモーセです。
しかし、今、世界は地球規模になっているわけです。
地球規模において人類を解放する、
そういう大きな運動が必要となってきているのです。
かつてのモーセならば、

イスラエルの民、六十万ぐらいを解放すれば済んだでしょう。
しかし、今はそれでは済まない。
数億、数十億の人々を解放に導いていかねばならんのです。
新しい世界に、二十一世紀以降の世界に――。
私たちが敗れることが、もし万一あるならば、
人々は、長い長い苦痛と恐怖と悲惨な生活のなかで、
出口なく生き続けていかねばならんのです。
世界が乱立し、お互いに憎しみ合い、傷つけ合い、奪い合うような、
そんな世界が展開してくるのです。
そういうことは、絶対に、断じて実現させてはなりません。
たとえ目先、どのようなことが起きてこようとも、
われらは、それを、その迷妄を、その闇を突き破って、
全世界に「希望の光」を届けねばなりません。

これが、われらがなさねばならないところの伝道の真なる意味であり、
これが「未来への聖戦」なのです。

「聖戦」とは、まさしく神のための戦いであります。
大いなる正義のための戦いであります。
来世紀以降の、二十一世紀以降の歴史をつくるための戦いであります。
この戦いにおいては、断じて負けは許されません。
断じて妥協もまたありません。
われら、この地上にある数十年の人生を惜しいと思ってはなりません。
たとえこの肉体破るるとも、魂は永遠であります。不滅であります。
神の戦士として戦い抜いたその魂は、永遠の勝利を手にしているのであります。
これより後、共に「未来への聖戦」のために頑張ってまいりましょう。
ありがとうございました。

第5章

復活の時は今

一九九〇年十二月二十三日　説法（せっぽう）

千葉県・幕張（まくはり）メッセ国際展示場にて

1　二千年の時空を超えて再臨した「甦りの愛」

一九九〇年の終わりを迎えるに当たり、
さあ、この一年はいったい、
私たちにとって、また、全人類にとって、
いったいいかなる年であったと問うときに、
ああ、それは、間違いもなく、
愛がこの地上に、この世界に甦り、復活し、
そしてまた、地上を離れ、久しくその行方を知らなかった、
人類が神より頂いたところのその黄金の光が、至福の栄光が、
再びこの地に降り、

愛はまた、二千年の時空を超えて
この世紀末の日本に甦り、甦り、甦り、
あなたがたにまた、この言葉を、この響きを、この光を、
愛それ自体が伝えんとしているのです。

われは、甦りの愛。
わが姿は、その真なる姿は愛。
愛は、姿もなく、形もなく、
光がその暖かさを無限に人々の胸に伝えていくように、
この、姿なきものであり続けることを
一つの喜びと感じているわけであります。

2　神の心を見失った現代人へ

今、私の目には、五十二億の人々が生きているこの地球が、
限りなく悲しいものとして見えてくるのです。
地球が泣いているように、私には見えるのです。
人類や動植物やその他の生き物だけではない、
地球そのものが泣いているように、私の目には見え、耳には聞こえてくる。

多くの人々よ、あなたがたは、いちばん大切なものを見失ってきたのです。

あなたがたは、この地上における己（おのれ）の繁栄（はんえい）のみを追い求めてきたのです。

そうして、本来の神の心がいったい奈辺（なへん）にあったかということを、

忘れてきたのです。
それがいちばん大切なものであったというのに。
まるで、自分の名前を忘れてしまった子供のように、
あなたがたは、自分が何者であるかを語ることもできず、
自分の親がいったい誰(だれ)であるかも語ることもできない間(ま)に、
砂場で終日遊び暮らしている子供たちの姿のようにも見えます。

しかし、私は言う。
あなたがたに言う。あなたがたに告げる。
世界は、あなたがたが見ているものとは違(ちが)ったものに、今なろうとしている。
あなたがたの目には、
まだ、光が強く高く輝(かがや)いているように見えるかもしれないけれども、
もうそこに闇(やみ)が迫(せま)ってきているのだ。

そうでなければ、何ゆえに、
私があなたがたに再び愛の復活を問うことがあるであろうか。

その、いちばん簡単にして、いちばん大切なるものを忘れ去って二千年、
あなたがたはいったい何をしてきたのか。
いったい何を己の心に刻み続けてきたのか。
人間にとって、いちばん大切なるものは、愛以外にないと、愛以外にないと、
繰り返し、繰り返し、説いてきたではないか。
愛とは、愛とは、愛とは、
あなたがたが一人で生きているわけではないということを、
神があなたがたを創られた時に、
あなたがたを一人にするのが忍びなく、あなたがたの仲間を創られたという、
その事実に気づくこと、

それが愛の原点であると教えたこともあるはずです。

見よ。

五十二億に膨れ上がったところの、われらが同胞よ、きょうだいたちよ。

何を憎しみ合う。何を傷つけ合う。

何ゆえに、神の創りたる者同士が、この地上において、

ささやかなる利害や名誉や物質などに心をとらわれて、

そのいちばん大切なものを忘れてしまったか。

その出発点を見失った時に、すべてのものは虚しくなる。

すべてのものが虚しくなるということは、

すべてのものが終わりを迎えるということなのだ。

すべてのものが終わりを迎えるということは、

あなたがたが今いちばん大切に思っているものさえ奪われてしまうということだ。

あなたがたは、まだ、その事実を思い出すことができないのだろうか。

神は、まるで粘土(ねんど)をこねるがごとくこの地球を創り、
その一部を取り出すがごとく人間を創ってきた。
創りたるものが神であるならば、それを壊(こわ)すものもまた神。
被造物(ひぞうぶつ)であるところの、創られたるものであるところの人間たちは、
傲慢(ごうまん)に、高慢に、なってはならない。
あなたがたを創られたるものが万能(ばんのう)であるならば、
それは、すべての始まりと終わりを有しているものであり、
すべての始まりを創り、すべての終わりを告げるものでもあるということを、
知らなくてはならない。
そのときに、あなたがたのささやかなる抵抗(ていこう)は、
大いなる川の流れの力の下(もと)に、何も堰(せき)をすることさえできなくなるであろう。

3　傲慢（ごうまん）になった人類への「最後の警告」

今、その最期（さいご）の時が近づいている。
人類にとって最期とも思える時が近づいている。
あなたがたは、また、あの「ノアの箱舟（はこぶね）」のようなことを、
もう一度繰（く）り返すことを望むのか。
水が大地を溢（あふ）れ、全世界を埋（う）め尽（つ）くし、箱舟のみが、四十日四十夜の雨の後（のち）に、
山頂に辿（たど）り着くことを選び取るのだろうか。

しかし、私は言う。
それは、過去、人類が招き寄せたる罪の結果であったことを。

そのようにして、あなたがたが滅(ほろ)びに至ったことは、すでに七度あった。
そうして、今、八度目が訪(おとず)れようとしている。

しかし、よくよく聴(き)いてほしい。
神は、人類を滅ぼされる前に、
必ず、預言者をこの地上に送って、そして警告を発する。
その警告を聴くか聴かぬかは、あなたがた人間たちの心一つである。
しかし、その結果に対しては、
もはや逃(のが)れる術(すべ)はないということを、知らなくてはならない。

あなたがたは、神の力というものを、あまりにも小さく思いすぎているのです。
それを、あまりにも、あまりにも、あまりにも、
小さなものと思っているのです。

そうして、慈悲によってあなたがたに与えられたるところの、
その自由意志を、自由なる思いを、自由なる判断をもって、
それで、神と対抗し、
神を乗り超えることさえできるかのごとき傲慢に陥ったときに、
神は、あなたがたに最後の警告をされ、
そして、その選択の結果に対して、ただ受け止めよと言われる。

私は言う。
今のままであるならば、五十二億の人類は、
見るかたもなく激減し、この地上から姿を消していくこととなる。
「十億、二十億、三十億の民がこの地上から姿を消す」ということが、
どのようなことであるかが分かるだろうか。
日本だけを例外と思ってはならない。

日本に生きている人々もまた、
この現代的なる危機をつくり出しているところのその張本人であるからです。
かつてエルサレムでイエスが愛の教えを説いた時に、
鎧に身を固め、剣を持ち、盾を持ち、
その愛の教えを奉ずる者たちを迫害した人たちが、
また現代にも数多く生まれ、
そして、世紀末の、この聖地における、
現代のエルサレムにおける真理の運動を、
次第しだいに、妨げんという思いをもたげようとしてきている。

しかし、私は言う。
神の言葉を信じないということは、それ自体が大いなる罪であるということを。
罪の価は死である。

死を乗り超えるには、罪を悔(く)いねばならない。
罪を悔いるは、真理を悟(さと)り、その実践(じっせん)をするにあり。
その実践は愛の実践であるということだ。
「人々よ、互(たが)いに愛し合え」と繰り返し教えているのに、
まだこのわが教えが分からぬか。
あなたがた自身がお互いを理解し、愛し合うということが、
人間であるための条件なのだ。
それに気づかねばなるまい。

4 危機が突然襲ってくる時代を、どう生きるか

さあ、危機の時代は来た。
その津波は、危機の津波は沖合まで迫ってきている。
あなたがたの目には見えないかもしれぬが、
わが霊的なる目には、もうそこまで迫ってきていることが感じられるのだ。
その時に、ああ、最後の日に、あなたがたは何をしているであろうか。
ある者は食事のなかにあり、ある者はまどろみのなかにあり、
ある者は音楽を聴き、
ある者はそう――、とりとめもない時間を過ごしているであろう。
その時に、最後の日が来た時に、あなたがたはどうするか。

その時に、わが名を呼んでも、もう遅(おそ)い。


あなたがたは、今、その時が迫っていることを、知らなくてはならない。

それは突然(とつぜん)に襲(おそ)ってくる。突然なる危機として襲ってくる。

あなたがたの誰(だれ)を生かし、誰を逃(のが)すかは、それは神の御心(みこころ)によるであろう。

しかし、確かなることは、もはや、多くの人類にとって、
近い未来に、最後の審判(しんぱん)が下るということだ。

その時に笑顔で死んでいける者は幸いである。

あなたがたは神の愛を受けるであろう。

しかし、その時に逃(に)げ惑(まど)う者は災(わざわ)いである。

あなたがたは数百年の時間を苦しみのなかに過ごすであろう。


しかし、しかし、しかし、しかし、私は言う。

わが言葉を聴き、わが言葉を信じ、わが言葉を伝えし者には、
永遠の命が与(あた)えられることを。
あなたがたの肉体の生命が、たとえ一瞬(いっしゅん)のうちに滅(ほろ)び去り、
この地上を去ることとなったとしても、私はあなたがたに約束する。
わが言葉を聴き、わが言葉を信じ、わが言葉を伝えたる者よ、
あなたがたは永遠の愛の世界にいるであろう。
永遠の光の世界にいるであろう。
常にわれと共にあるであろう。

われを信じ、わが言葉のうちに生きている者であっても、
地上の命は失うこともあるであろう。
しかし、そのことを嘆(なげ)く必要はない。
あなたがたは栄光のうちに還(かえ)ってくることができる。

栄光のうちに還ってくる所は、あなたがたの本来の世界である。
あなたがたのふるさとである。
旅の先ではない。旅の目的地ではない。
あなたがたは本来そこに生きていたのだ。そこに住していたのだ。
その世界は光に満ち、愛に満ち、人々の顔は喜びに満ち、
お互いを許し合い、生かし合う世界である。
その世界から出でたる者たちは、確かに、わが声を聴きて悟るであろう。
その言葉の薫りに懐かしいものを感じ取るであろう。
ならば、それを信ずるがよい。

これより後、肉体の生命が、幾ばく、幾年、幾十年、
生き長らえることができるかを、あなたがたは望んではならない。
最後の時において、神の使徒として潔くあれ。

その己の命が地上にある間に、光があなたがたと共にある間に、
その光のうちを歩め。
日が暮れるのは早い。
光のうちを歩め。光と共に歩め。
光あるうちに旅を急ぐ者は幸いである。
あなたがたは最大の喜びを得るであろう。

われはあなたがたに警告を発している。
この警告を恐怖の予言だとは思ってはならない。
この警告は、あなたがたに贈るところの最後の愛であるのだ。
われ来たりて、あなたがたに愛の教えを説くは、
それが人類の最後の救いとなるからだ。
この光を信ずる者、増えれば、

神の手は、幾ばくかは、大地を打つを緩(ゆる)めるかもしれぬ。
しかし、私が願っていることは、そういうことではない。
あなたがたの命が、今世(こんぜ)において、
最後の美しい燃焼(ねんしょう)を、光のほとばしりを見せることをこそ願っている。
わが教えを聴き、それを信ずる者であるならば、
この地上における命を惜(お)しいと思ってはならぬ。
その命を惜しいと思っている間は、
あなたがたは何ものも得ることはできぬであろう。
しかし、その命を惜しくないと思ったときに、
あなたがたはすべてを与えられるであろう。

5　わが教えを守り続けるかぎり敗北はない

聴(き)け。

心清き者は幸いである。
あなたがたは神を見るであろう。
心貧しき者は幸いである。
あなたがたは慰(なぐさ)めを得るであろう。
心正しき者は幸いである。
あなたがたは「悟(さと)り」という名の幸福を得るであろう。
心優(こころやさ)しき者は幸いである。
あなたがたは永遠に神のそば近くにいるであろう。

神を信ずる者は幸いである。
あなたがたは永遠に私と手をつないでいる。
人々の幸福を願う者は幸いである。
あなたがたは「義」とせられるであろう。
この世に命を持ちて神を見る者は幸いである。
永遠の栄光は、あなたの頭上を飾る王冠となろう。

見よ。
この世紀末に、キリスト教徒を名乗りて、
愛の教えを実践せぬ、数多くの民草を。
キリスト教徒を名乗りて、愛の教えを実践せぬは、
イエス・キリストの僕ではない。
彼らは偽りのなかを歩む者である。

偽りのなかを歩む者には、偽りの報酬があるであろう。
それは、己のいちばん大切な心というものを偽ったからである。

私はあなたがたに言う。
この世的なるものに心とらわれてはならない。
この世的なるつまずきの石に気をつけよ。
あなたがたは転んではならない。
無価値なもののために、永遠の命を失ってはならない。
神の子としての尊厳を失ってはならない。
神の子としての信仰心を揺さぶるものに出会ったならば、心を固くして護れ。
鉄の扉を閉ざして、その心を護れ。
神の子の本質を護れ。
そのような、硫黄を含んだ毒ガスに、魂をさらしてはならない。

私は言う。
この言葉を、わが言葉を、全人類が信じ、行わないかぎり、
神の国はこの地上にその姿を現すことがないということを。
神の国を打ち立てるは、わがこの言葉であり、
この言葉を姿形（すがたかたち）あらしめるのは、あなたがた、神の使徒の使命である。
この使命は、この聖なる使命は、他の何ものにも代えがたいものである。
すべてのものを捨て去ったとしても、
わが教えを守り続けるかぎり、あなたがたに敗北はない。
あなたがたは、日々、勝利しているのだ。
日々、人生に勝利しているのだ。

われ、すでに世に勝てり。

あなたがたもまた、世に勝て。
この悪しき二十世紀の暗雲たなびく時代に、この濁世に、負けてはならない。
神の教えを知り、それを己の心のなかの灯火とするとき、
あなたがたは世に勝ったのだ。
「世に勝った」という、その思いを、最期の時まで忘れてはならない。

6　全世界に現代の福音（ふくいん）を知らせよ

あなたがたは愛の使徒とならねばならない

私はあなたがたに告げる。
私はあなたがたに告げる。
今わが声を聴（き）く者は幸いである。
幸いなる者たちよ。選ばれたる者たちよ。
あなたがたは、何ゆえに、この会場に集まられたか。
何ゆえに、わが前に座（ざ）すのか。
あなたがたが座している意味は何であるのか。
五十二億の人々のなかで、選ばれたる一万数千の人々よ。

われは、一九九〇年十二月二十三日、
聖なる日を目前にして、あなたがたに告げる。
あなたがたは愛の使徒とならねばならない。
このわが言葉を全世界に伝えねばならない。
キリスト来たりて肉を持ちたる人間に宿り、愛の教え、説いているを、
黙(だま)っていてはならない。

行(ゆ)け。
告げよ。
知らせよ。
この福音(ふくいん)を。
現代の福音を知らせよ。
人々がその最期(さいご)を迎(むか)えるに当たって、

「神よ、あなたは何ゆえにわれらと共にあってくれないのか」と
声を合わせて祈る前に、
すでに、われ来たりて、あなたがたに福音を宣べ伝えたことを伝えよ。

キリスト者よ、最大なるものの復活に気づけ

その時にわが言葉を信じない者は災いである。
わが言葉を信じないキリスト者は災いである。
あなたがたは最大なるものにつまずいたのだ。
最大なるものが、
あなたがたが待ち焦がれていた最大なるものが復活しても、
それを気づかぬとは、哀れなる者たちであることよ。
何ゆえに、何ゆえに、何年、何十年と『聖書』を読み続けてきたか。
『聖書』を読み続けてきたは、わが愛の復活を期待してではなかったのか。

わが愛の再臨（さいりん）を待ち続けてきたからではなかったのか。

見よ。
神の国は、アメリカにもなく、イギリスにもなく、イスラエルにもなく、
この日本にある。この東京にある。
ここに現代のエルサレムができようとしていることを、
知っている者は幸いである。
あなたがたは、今世（こんぜ）最大の幸福を、今、知っているのだ。
しかし、その幸いなるものを、己（おのれ）のみのものとしてはならない。

告げよ。
知らせよ。
届けよ。

この言葉を。
すでに、現代のパリサイ人(びと)となり、サドカイ派の人たちとなった、
現代の異教徒となり、異邦人(いほうじん)となった、
キリストの弟子(でし)たちに、キリスト教の僕(しもべ)たちに、
その悲しい事実を告げ知らせるがよい。
イエスは教会には復活しなかった。
イエスはキリスト教国には復活しなかった。
イエスは牧師(ぼくし)たちの前で法を説かなかった。
イエスの愛はこの日本の地を選んだ。
この東京の地を選んだ。
その地に集まりたる一万六千の人々を選んだ。
あなたがたは、後(のち)の日にも、わが言葉を、活字として読み、
あるいはＣＤとして聴くこともあろう。

しかし、今、この場で、あなたがたの目の前に立っているは、
かつて、あなたがたの前に、ナザレのイエスとして姿を現したる、
そのものの霊でもあるということを忘れてはならぬ。

われは、今、この場を借り、このような姿を借り、
愛の復活をなさんとしている。
これは、わが真なる復活。
わが魂としての復活。
わが愛としての復活。
愛としての再臨。
救世主としての降臨である。

見よ。

あなたがたがつまずくならば、われは言うであろう。
あなたがたが人間の姿につまずくのならば、われは言うであろう。
わが真なる姿は人間ではない。
わが真なる姿は愛そのものである。
愛そのものであり、光そのものである。

7　一人ひとりの心のなかにもある「愛の復活」

地上五十二億、霊天上界(れいてんじょうかい)数百億の魂(たましい)に告げる。

われは、今、愛の復活を遂(と)げた。

われは、今、人類が最期(さいご)を迎(むか)える前に、
あなたがたとの約束を果たし、愛の復活を遂げた。

光として復活した。

人々が闇(やみ)に沈(しず)まんとする時に、現れぬ救世主はいない。

あなたがたは、今、救世の現場にいるのだ。

これより後(のち)、この日本より始まりたる運動は世界を覆(おお)わねばならない。

わが悲願である。

日の暮れる前に、全世界が闇に沈む前に、
私を信じている者たちに、また、信じていない者たちにも、
その救世の情熱を告げ知らせてほしい。
そして、あなたがたがまた、
新たな救世の時代の主役でもあるということを知らせてほしい。

二千年もたってから、わが言葉を『聖書（せいしょ）』として読むような、愚（おろ）かなことはするな。

それほどの歳月（さいげつ）を、路傍（ろぼう）の石のごとき生き方をしてはならない。

われ、今、救世の言葉をあなたがたに発している。

このわが言葉、聴（き）かれる時に、わが言葉を聴け。

わが言葉、伝えられる時に、わが言葉を聴け。

わが教え、説かれる時に、わが教えに帰依（きえ）せよ。

それが、魂としての、人間の最大の幸福であるのだ。

われはあなたがたに最大なる者となってほしい。
最大なる者として、愛の復活は、
あなたがた一人ひとりにも起きることであるのだ。
あなたがた一人ひとりの心のなかに愛の復活はある。
あなたがたが愛のうちに生きた時に、あなたがたはキリストと共に生きたのだ。
あなたがたが愛のうちを歩む時に、あなたがたはキリストと共に歩んでいるのだ。
愛が心のなかにある時に、われもまたあるということを信ぜよ。
神を見たくば、愛を知れ。愛とは何かを知れ。
愛とは何かを知った時に、あなたがたは神を見たのだ。神を知ったのだ。
己（おのれ）の内なる、その最大なるものを見つけよ。
あなたがたが愛のうちを歩む時、そこに神はいる。
神は全宇宙のものであり、全人類のものであるとともに、あなたがた一人びとりのものでもある。
それは普遍的なるものにして、そしてまた個別的なるものである。
神の愛は、この地に、この世に、普遍の広がりを持ちながら、
そしてまた、あなたがたの個別の心のなかにも宿りたもう。

8　信ずる者には最大の力が与えられる

信ぜよ。
信ぜよ。
信ぜよ。
クリスマスを祝う前に、キリストが降臨したことを。
信ぜよ。
信ぜよ。
信ぜよ。
信ずる者には最大の力が与えられる。
信仰はあなたがたに神の力を与える。

信仰はあなたがたに神の愛とは何かを教える。
神を知らんとせば、まず信仰をこそ拠(よ)りどころとせよ。
信ずる者の前には、あらゆる奇跡(きせき)が起きるであろう。

われはあなたがたに告げて言う。
われを信ずる者は、神を信ずる者であり、
神を信ずる者に不可能などありえないということを。
神を信ずる者の前に道は開けるということを。
あなたがたの前に、永遠の愛の大道(たいどう)を開いてみせよう。
あなたがたが信じたという、そのただ一つの行為(こうい)ゆえに。

そして、「信ずる」ということが、
いったいいかなる意味を持っているかということを、私はあなたがたに告げる。

あなたがたは強くなる。
あなたがたは今日より強くなる。
あなたがたは、これより、エネルギーに満ち満ちていくであろう。
あなたがたは、これより、かつてのあなたがたであって、
もう、かつてのあなたがたではない。
神を信ずる時に、新たに信仰というものが己（おのれ）のものとなった時に、
人は生まれ変わるのだ。
人は信仰を通して生まれ変わる。
信仰を通して、人は人以上のものとなるのだ。
人間は人間以上のものとなるのだ。
信仰を通して、あなたがたは本来の神の子となるのだ。

行（ゆ）きて、わが言葉を伝えよ。

億万の民に伝えよ。
「目に見なければ神を信ぜぬ」と言う人たちに伝えよ。
「信仰あらば、そこに神ある」ということを。
「愛があるならば、そこに神がある」ということを。
そして、「信仰のなかに最大の愛が息づき、
最大の愛を実践する時に、最大の信仰が目覚めてくる」ということを。
「最大の信仰がその姿を現してくる」ということを。

あなたがたは、いかなる嘲笑や批判にも敗れてはならない。
そのようなものは、神の子としての、光の塊としての、愛の塊としての信仰を、
盾として持っている者の、その体を、一ミリたりとも侵すことはできない。
信仰のなかで神と一体になる時に、あなたがたは無敵である。
いかなる批判の刃も、いかなる攻撃の鏃も、

あなたがたの体を貫くことはできない。
あなたがたはダイヤモンドの生命となるのだ。
信ずる者は敗れることはない。

9　魂の廻心、回心をなせ

あなたがたは、わがこの愛の復活を、まず信ぜよ。
そこからすべてが始まるであろう。
本日、わがこの言葉を聴きたる者は幸いである。
あなたがたは、今生、地上に生きたる者のなかで、最も幸運なる者たちである。
幸運なる者たちよ。
幸運なる星の下に生まれし者たちよ。
告げよ。
告げよ。
二千年にわたって、これより人類が伝え続けることを、今この時点において、今この時において、この地において、告げ知らせよ。
あの教会の鐘(かね)の音(ね)のごとく、救世主現れたるを告げ知らせよ。
それが、あなたがたが最大の幸運のなかに生きていることを確認する、
唯一(ゆいいつ)の手立てでもあるのだ。

わが言葉が真実であるか否(いな)かは、わが言葉を実践(じっせん)した時に分かる。

わが教えを聴き、わが教えを伝え、わが教えを実践した時に、
わが説くところのこの真理が、神から出ているものであることが分かるであろう。

神を知りたいと思わば、このわが言葉を聴け。

このわが言葉の響(ひび)きを聴け。

あなたがたの魂(たましい)のなかに今打ち込(こ)まれているところの光の矢を確認せよ。

わが声を聴き、わが教えを知り、わが教えを実践したる者は、
神を見たのである。

神を知ったのである。
神をつかんだのである。
そして、神の子として目覚めたのである。

これより後(のち)、
あなたがたは魂の廻心(えしん)をなせ。回心(かいしん)をなせ。
その心、変わらざれば、いかで生まれ変わることを得んや。
われはあなたがたに説く。
「命を持ちて、さらに生まれ変われ」と。
その生まれ変わりを、あなたがたは知らねばならぬ。
われは、今日、あなたがたに言葉にて洗礼(せんれい)を与(あた)えた。
わがこの洗礼を受けよ。

わがこの光の洗礼を受けよ。
天上界(てんじょうかい)からの光を受けよ。
あなたがたは生まれ変わるであろう。
そして、「愛を知り、愛を実践する者は、永遠の生命を得る」という、
わが言葉を胸に刻(きざ)め。
一九九〇年十二月二十三日である。

あとがき

第4章の『未来への聖戦（せいせん）』では、モーセ的な気概が立ちこめているだろう。地球レベルでの聖なる戦いを考えてはいた。

第5章『復活の時は今』は、クリスマス直前に、イエス・キリストと一体になった講演会であった。イエスの天なる父でもあった主なる神・エル・カンターレの言葉が、聖書にも刻（きざ）まれていることがはっきりと判るであろう。

一九九〇年には、とにかく、救世主宣言は終わっていた。あれから三十一年、私は法を説き続けた。

本書が、私の二千九百書目刊行となるそうである。今もなお、大蔵経（だいぞうきょう）が編まれ続けているというべきか。
私は仏陀のように生き、死んでいくのか。
いや、それよりもはるか遠くまで往(ゆ)くのか。
私自身も自問自答しつつ、精進する毎日である。

二〇二一年　十月十二日

幸福(こうふく)の科学(かがく)グループ創始者兼総裁(そうししゃけんそうさい)　大川隆法(おおかわりゅうほう)

『大川隆法　初期重要講演集　ベストセレクション⑥』関連書籍

『太陽の法』（大川隆法 著　幸福の科学出版刊）
『真実への目覚め』（同右）
『仏陀再誕』（同右）
『真説・八正道』（同右）
『瞑想の極意』（同右）
『愛から祈りへ』（同右）
『大川隆法　初期重要講演集　ベストセレクション④』（同右）

※左記は書店では取り扱っておりません。最寄りの精舎・支部・拠点までお問い合わせください。
『現代のエクソシスト』（大川隆法 著　宗教法人幸福の科学刊）

大川隆法　初期重要講演集
ベストセレクション⑥
―― 悟りに到る道 ――

2021年11月1日　初版第1刷

著　者　大　川　隆　法

発行所　幸福の科学出版株式会社

〒107-0052 東京都港区赤坂2丁目10番8号
TEL(03)5573-7700
https://www.irhpress.co.jp/

印刷・製本　株式会社 堀内印刷所

落丁・乱丁本はおとりかえいたします

ISBN978-4-8233-0311-1 C0014

大川隆法ベストセラーズ・初期講演集シリーズ

「大川隆法　初期重要講演集 ベストセレクション」シリーズ

幸福の科学初期の情熱的な講演を取りまとめた初期講演集シリーズ。幸福の科学の目的と使命を世に問い、伝道の情熱や精神を体現した救世の獅子吼がここに。

1

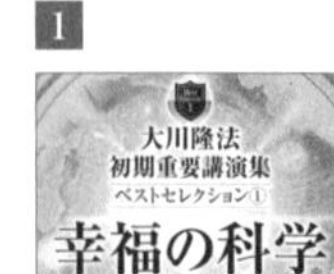

幸福の科学とは何か

2

人間完成への道

3

情熱からの出発

4

人生の再建

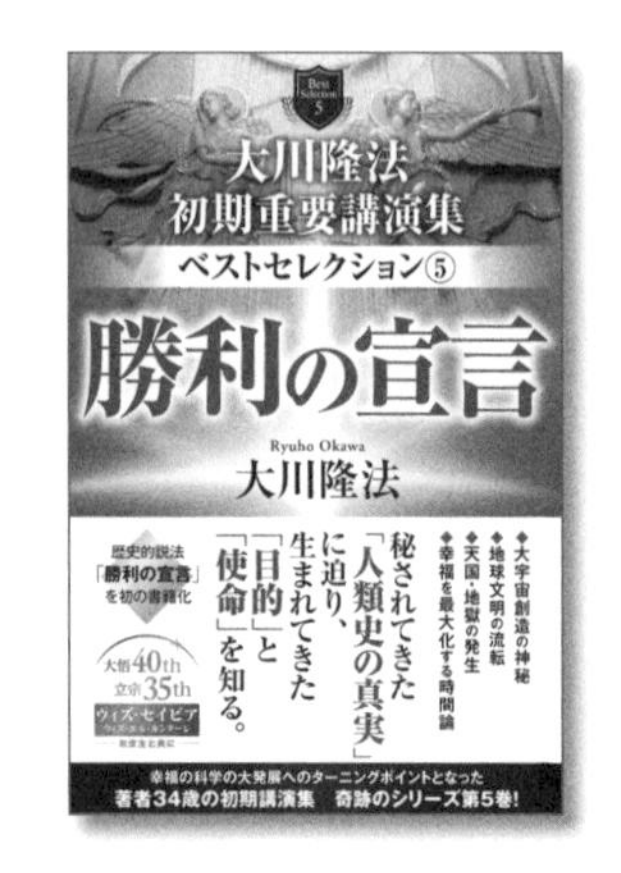

5 勝利の宣言

現代の迷妄を打ち破り、永遠の真理をすべての人々へ――。多くの人々を「救世の使命」に目覚めさせ、大伝道への原動力となった、奇跡のシリーズ第5巻。

各1,980円

※表示価格は税込10%です。

大川隆法ベストセラーズ・エル・カンターレ質疑応答集

「エル・カンターレ 人生の疑問・悩みに答える」シリーズ

幸福の科学の初期の講演会やセミナー、研修会等での質疑応答を書籍化。一人ひとりを救済する人生論や心の教えを、人生問題のテーマ別に取りまとめたＱＡシリーズ。

初期 質疑応答 シリーズ 第1～6弾!

6 霊現象・霊障への対処法

悪夢、予知・占い、原因不明の不調・疲れなど、誰もが経験している「霊的現象」の真実を解明した26のQ&A。霊障問題に対処するための基本テキスト。

1

2

3

4

5

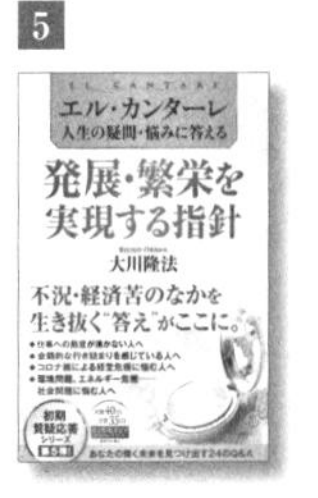

第1巻　人生をどう生きるか	第4巻　人間力を高める心の磨き方
第2巻　幸せな家庭をつくるために	第5巻　発展・繁栄を実現する指針
第3巻　病気・健康問題へのヒント	

各1,760円

大川隆法ベストセラーズ・救世の獅子吼

われ一人立つ。大川隆法第一声

幸福の科学発足記念座談会

著者の宗教家としての第一声、「初転法輪」の説法が待望の書籍化！ 世界宗教・幸福の科学の出発点であり、壮大な教えの輪郭が説かれた歴史的瞬間が甦る。

1,980円

大川隆法 東京ドーム講演集

エル・カンターレ「救世の獅子吼」

全世界から5万人の聴衆が集った情熱の講演が、ここに甦る。過去に11回開催された東京ドーム講演を収録した、世界宗教・幸福の科学の記念碑的な一冊。

1,980円

幸福の科学の十大原理（上巻・下巻）

世界160カ国以上に信者を有する「世界教師」の初期講演集が新装復刻。幸福の科学の原点であり、いまだその生命を失わない救世の情熱がここに。

各1,980円

信仰と情熱

プロ伝道者の条件

多くの人を救う光となるために――。普遍性と永遠性のある「情熱の書」、仏道修行者として生きていく上で「不可欠のガイドブック」が、ここに待望の復刻。

1,870円

※表示価格は税込10%です。

大川隆法ベストセラーズ・真実の悟りを求めて

大悟の法

常に仏陀と共に歩め

「悟りと許し」の本論に斬り込んだ、著者渾身の一冊。分かりやすく現代的に説かれた教えは人生の疑問への結論に満ち満ちている。

2,200円

仏陀再誕

縁生の弟子たちへのメッセージ

我、再誕す。すべての弟子たちよ、目覚めよ――。2600年前、インドの地において説かれた釈迦の直説金口の教えが、現代に甦る。

1,923円

永遠の仏陀

不滅の光、いまここに

すべての者よ、無限の向上を目指せ――。大宇宙を創造した久遠の仏が、生きとし生ける存在に託された願いとは。

1,980円

真説・八正道

自己変革のすすめ

「現代的悟りの方法論」の集大成とも言える原著に、仏教的な要点解説を加筆して新装復刻。混迷の時代において、新しい自分に出会い、未来を拓くための書。

1,870円

幸福の科学出版

大川隆法シリーズ・最新刊

小さなメルヘン

『詩集 Leftover ―青春のなごり―』より、純粋な与えきりの愛の物語「小さなメルヘン」を絵本化。本詩について解説された対談を、抜粋にて特別収録。

1,320 円

インドの王子

『詩集 私のパンセ』より「インドの王子」を絵本化。すべてを投げ捨てて衆生救済を誓った、若き日の仏陀の「決意と情熱」が、3000年の時を超えて甦る。

1,100 円

原説・『愛の発展段階説』

若き日の愛の哲学

著者が宗教家として立つ前、商社勤めをしながら書きためていた論考を初の書籍化。思想の出発点である「若き日の愛の哲学」が説かれた宝物のような一冊。

1,980 円

スタン・リー守護霊による映画「宇宙の法―エローヒム編―」原作霊言

英語霊言 英日対訳

アメコミ界の巨匠にして、マーベル映画で数々のヒーローを生み出したスタン・リーの守護霊が語る壮大なシナリオ構想。衝撃の「魂の秘密」も明らかに。

1,540 円

※表示価格は税込10%です。

大川隆法「法シリーズ」・**最新刊**

秘密の法

人生を変える新しい世界観

法シリーズ 27作目

あなたの常識を一新させ、世界がより美しく、喜びに満ちたものになるように——。降魔の方法や、神の神秘的な力、信仰の持つ奇跡のパワーを解き明かす。

第１章　宗教の秘密の世界
——この世とあの世の真実を解き明かす

第２章　霊障者の立ち直りについて
——ウィルス感染と憑依の秘密

第３章　ザ・リアル・エクソシストの条件
——悪魔祓いの霊的秘儀

第４章　降魔の本道
——世界を輝かせる法力とは

第５章　信仰からの創造
——人類の危機を乗り越える秘密

2,200円

幸福の科学の中心的な教え——「法シリーズ」

好評発売中！

幸福の科学出版

幸福の科学グループのご案内

宗教、教育、政治、出版などの活動を通じて、地球的ユートピアの実現を目指しています。

幸福の科学

一九八六年に立宗。信仰の対象は、地球系霊団の最高大霊、主エル・カンターレ。世界百六十カ国以上の国々に信者を持ち、全人類救済という尊い使命のもと、信者は、「愛」と「悟り」と「ユートピア建設」の教えの実践、伝道に励んでいます。

（二〇二一年十月現在）

愛

幸福の科学の「愛」とは、与える愛です。これは、仏教の慈悲(じひ)や布施(ふせ)の精神と同じことです。信者は、仏法真理をお伝えすることを通して、多くの方に幸福な人生を送っていただくための活動に励んでいます。

悟り

「悟り」とは、自らが仏の子であることを知るということです。教学(きょうがく)や精神統一によって心を磨き、智慧(ちえ)を得て悩みを解決すると共に、天使・菩薩(ぼさつ)の境地を目指し、より多くの人を救える力を身につけていきます。

ユートピア建設

私たち人間は、地上に理想世界を建設するという尊い使命を持って生まれてきています。社会の悪を押しとどめ、善を推し進めるために、信者はさまざまな活動に積極的に参加しています。

国内外の世界で貧困や災害、心の病で苦しんでいる人々に対しては、現地メンバーや支援団体と連携して、物心両面にわたり、あらゆる手段で手を差し伸べています。

年間約２万人の自殺者を減らすため、全国各地で街頭キャンペーンを展開しています。

公式サイト **www.withyou-hs.net**

自殺防止相談窓口

受付時間　火～土:10～18時（祝日を含む）

TEL **03-5573-7707**　メール **withyou-hs@happy-science.org**

ヘレン・ケラーを理想として活動する、ハンディキャップを持つ方とボランティアの会です。視聴覚障害者、肢体不自由な方々に仏法真理を学んでいただくための、さまざまなサポートをしています。

公式サイト **www.helen-hs.net**

入会のご案内

幸福の科学では、大川隆法総裁が説く仏法真理をもとに、「どうすれば幸福になれるのか、また、他の人を幸福にできるのか」を学び、実践しています。

仏法真理を学んでみたい方へ

大川隆法総裁の教えを信じ、学ぼうとする方なら、どなたでも入会できます。入会された方には、『入会版「正心法語」』が授与されます。

ネット入会　入会ご希望の方はネットからも入会できます。

happy-science.jp/joinus

信仰をさらに深めたい方へ

仏弟子としてさらに信仰を深めたい方は、仏・法・僧の三宝への帰依を誓う「三帰誓願式」を受けることができます。三帰誓願者には、『仏説・正心法語』『祈願文①』『祈願文②』『エル・カンターレへの祈り』が授与されます。

幸福の科学 サービスセンター
TEL 03-5793-1727
（受付時間／火～金:10～20時　土・日祝:10～18時（月曜を除く））

幸福の科学 公式サイト
happy-science.jp

ハッピー・サイエンス・ユニバーシティ

Happy Science University

ハッピー・サイエンス・ユニバーシティとは

ハッピー・サイエンス・ユニバーシティ(HSU)は、大川隆法総裁が設立された「現代の松下村塾」であり、「日本発の本格私学」です。建学の精神として「幸福の探究と新文明の創造」を掲げ、チャレンジ精神にあふれ、新時代を切り拓く人材の輩出を目指します。

人間幸福学部　経営成功学部　未来産業学部

HSU長生キャンパス TEL **0475-32-7770**
〒299-4325 千葉県長生郡長生村一松丙 4427-1

未来創造学部

HSU未来創造・東京キャンパス
TEL **03-3699-7707**
〒136-0076 東京都江東区南砂2-6-5 公式サイト **happy-science.university**

学校法人 幸福の科学学園

学校法人 幸福の科学学園は、幸福の科学の教育理念のもとにつくられた教育機関です。人間にとって最も大切な宗教教育の導入を通じて精神性を高めながら、ユートピア建設に貢献する人材輩出を目指しています。

幸福の科学学園

中学校・高等学校(那須本校)
2010年4月開校・栃木県那須郡(男女共学・全寮制)
TEL **0287-75-7777** 公式サイト **happy-science.ac.jp**

関西中学校・高等学校(関西校)
2013年4月開校・滋賀県大津市(男女共学・寮及び通学)
TEL **077-573-7774** 公式サイト **kansai.happy-science.ac.jp**

仏法真理塾「サクセスNo.1」

全国に本校・拠点・支部校を展開する、幸福の科学による信仰教育の機関です。小学生・中学生・高校生を対象に、信仰教育・徳育にウエイトを置きつつ、将来、社会人として活躍するための学力養成にも力を注いでいます。

TEL 03-5750-0751（東京本校）

エンゼルプランV

東京本校を中心に、全国に支部教室を展開。信仰をもとに幼児の心を豊かに育む情操教育を行い、子どもの個性を伸ばして天使に育てます。

TEL 03-5750-0757（東京本校）

エンゼル精舎

乳幼児が対象の、託児型の宗教教育施設。エル・カンターレ信仰をもとに、「皆、光の子だと信じられる子」を育みます。
（※参拝施設ではありません）

不登校児支援スクール「ネバー・マインド」

TEL 03-5750-1741

心の面からのアプローチを重視して、不登校の子供たちを支援しています。

ユー・アー・エンゼル！（あなたは天使！）運動

障害児の不安や悩みに取り組み、ご両親を励まし、勇気づける、障害児支援のボランティア運動を展開しています。

一般社団法人 ユー・アー・エンゼル
TEL 03-6426-7797

NPO活動支援

学校からのいじめ追放を目指し、さまざまな社会提言をしています。また、各地でのシンポジウムや学校への啓発ポスター掲示等に取り組む一般財団法人「いじめから子供を守ろうネットワーク」を支援しています。

公式サイト mamoro.org　ブログ blog.mamoro.org
相談窓口 TEL.03-5544-8989

百歳まで生きる会

「百歳まで生きる会」は、生涯現役人生を掲げ、友達づくり、生きがいづくりをめざしている幸福の科学のシニア信者の集まりです。

シニア・プラン21

生涯反省で人生を再生・新生し、希望に満ちた生涯現役人生を生きる仏法真理道場です。定期的に開催される研修には、年齢を問わず、多くの方が参加しています。
全世界212カ所（国内197カ所、海外15カ所）で開校中。

【東京校】 TEL 03-6384-0778　FAX 03-6384-0779
メール senior-plan@kofuku-no-kagaku.or.jp

幸福実現党

幸福実現党 釈量子サイト **shaku-ryoko.net**
Twitter **釈量子@shakuryokoで検索**

内憂外患(ないゆうがいかん)の国難に立ち向かうべく、2009年5月に幸福実現党を立党しました。創立者である大川隆法党総裁の精神的指導のもと、宗教だけでは解決できない問題に取り組み、幸福を具体化するための力になっています。

党の機関紙
「幸福実現党NEWS」

幸福実現党 党員募集中

あなたも幸福を実現する政治に参画しませんか。

- ○幸福実現党の理念と綱領、政策に賛同する18歳以上の方なら、どなたでも参加いただけます。
- ○党費:正党員(年額5千円[学生 年額2千円])、特別党員(年額10万円以上)、家族党員(年額2千円)
- ○党員資格は党費を入金された日から1年間です。
- ○正党員、特別党員の皆様には機関紙「幸福実現党NEWS(党員版)」(不定期発行)が送付されます。

＊申込書は、下記、幸福実現党公式サイトでダウンロードできます。
住所:〒107-0052 東京都港区赤坂2-10-8 6階 幸福実現党本部
TEL **03-6441-0754** FAX **03-6441-0764**
公式サイト **hr-party.jp**

幸福の科学出版

大川隆法総裁の仏法真理の書を中心に、ビジネス、自己啓発、小説など、さまざまなジャンルの書籍・雑誌を出版しています。他にも、映画事業、文学・学術発展のための振興事業、テレビ・ラジオ番組の提供など、幸福の科学文化を広げる事業を行っています。

アー・ユー・ハッピー?
are-you-happy.com

ザ・リバティ
the-liberty.com

幸福の科学出版
TEL **03-5573-7700**
公式サイト **irhpress.co.jp**

ザ・ファクト
マスコミが報道しない「事実」を世界に伝えるネット・オピニオン番組

ザ・ファクト 検索

ニュースター・プロダクション

「新時代の美」を創造する芸能プロダクションです。多くの方々に良き感化を与えられるような魅力あふれるタレントを世に送り出すべく、日々、活動しています。 公式サイト **newstarpro.co.jp**

ARI Production

ARI Production

タレント一人ひとりの個性や魅力を引き出し、「新時代を創造するエンターテインメント」をコンセプトに、世の中に精神的価値のある作品を提供していく芸能プロダクションです。 公式サイト **aripro.co.jp**

大川隆法　講演会のご案内

大川隆法総裁の講演会が全国各地で開催されています。講演のなかでは、毎回、「世界教師」としての立場から、幸福な人生を生きるための心の教えをはじめ、世界各地で起きている宗教対立、紛争、国際政治や経済といった時事問題に対する指針など、日本と世界がさらなる繁栄の未来を実現するための道筋が示されています。

2020年12月8日 さいたまスーパーアリーナ
「“With Savior”(ウィズ・セイビア)―救世主と共に―」

2019年10月6日 ザ ウェスティン ハーバーキャッスル トロント(カナダ)
「The Reason We Are Here」

2019年12月17日 さいたまスーパーアリーナ
「新しき繁栄の時代へ」

2019年3月3日 グランド ハイアット 台北(台湾)
「愛は憎しみを超えて」

2019年7月5日 福岡国際センター
「人生に自信を持て」

講演会には、どなたでもご参加いただけます。
最新の講演会の開催情報はこちらへ。 ⟹ 大川隆法総裁公式サイト https://ryuho-okawa.org